Nylands Kleine Westfälische Bibliothek 129

www.nyland.de
nyland@nyland.de

Hans Zippert
Lesebuch

Zusammengestellt und
mit einem Nachwort von
Walter Gödden

Nyland-Stiftung

NYLANDS KLEINE WESTFÄLISCHE BIBLIOTHEK 129

Nylands Kleine Westfälische Bibliothek
herausgegeben im Auftrag der Nyland-Stiftung, Köln,
in Zusammenarbeit mit der
Literaturkommission für Westfalen
von Walter Gödden
Band 129

Die Deutsche Bibliothek – CIP-Einheitsaufnahme
Bibliografische Information Der Deutschen Bibliothek
Die Deutsche Bibliothek verzeichnet diese Publikation
in der Deutschen Nationalbibliografie; detaillierte
bibliografische Daten sind im Internet über
[http://dnb.ddb.de] abrufbar.
Gedruckt auf umweltfreundlichem, chlorfrei gebleichtem
und alterungsbeständigem Papier.

Bücher der Nyland-Stiftung, Köln, im Aisthesis Verlag

ISBN: 978-3-8498-1970-5

Umschlaggestaltung: AWard Associates, Münster
Druck: docupoint, Barleben
Printed in Germany

Inhalt

Ich habe Superkräfte

Früher habe ich mich oft gefragt, warum meine Eltern geradezu erschreckend normal, unbedeutend und angepasst waren, während ich schon als Kind ganz andere Anlagen zeigte. Erst als Erwachsener wurde mir klar, dass ich ursprünglich vom Planeten Krypton stamme. Meine wirklichen Eltern haben mich in einer Raumkapsel auf die Erde geschickt, als sie merkten, dass ihr Heimatplanet draufgeht. Ich trug eine blaue Breitcordhose und einen gelben Pullover mit V-Ausschnitt, das war üblich auf Krypton und das ist wohl auch der Grund, warum der Planet untergegangen ist. Meine Eltern waren natürlich nicht die einzigen, die den Untergang vorhersahen, viele Familien, die es sich leisten konnten, packten ihre Kinder in Raumschiffe und schickten sie auf andere bewohnte Planeten. Soviel ich weiß, kam nur noch ein weiterer Junge von Krypton auf die Erde, er wurde in Kansas in der Nähe von Smallville gefunden und vom Ehepaar Kent großgezogen. Er entwickelte erstaunliche Superkräfte und wurde Journalist.

Mein Leben verlief ähnlich, mein Raumschiff landete allerdings in Ostwestfalen. Das Ehepaar Zippert fand mich auf dem Parkplatz einer Steinhägerfabrik und nahm mich bei sich auf. Ich wuchs in Bielefeld auf und wurde ebenfalls Journalist. Supermann hat mich noch nie jemand genannt, aber ich erinnere mich, dass mich eine Frau mal als Superarsch bezeichnet hat. Es könnten auch noch mehr Frauen gewesen sein. Mein Gedächtnis funktioniert leider nicht so super. Doch zurück zu den Superkräften. Ehrlich gesagt, ich würde auch lieber Flugzeuge aus der Luft holen und Schienen verbiegen können und ich habe es auch mal probiert, doch seitdem habe ich Bandscheibenprobleme. Meine Eltern lagerten unter meinem Kinderzimmerbett eine Schachtel Kryptonit, die ihnen mein Gegenspieler, der teuflische Dr. Oberwahrenbrock, zur Aufbewahrung

gegeben hatte. Sie wussten nicht, dass sie mir damit meine Supersuperkräfte raubten. Doch dafür sind mir viel bessere Superkräfte geblieben.
Heutzutage kommt es nicht darauf an, Schnellzüge mit einer Hand zu stoppen, das macht die Bahn schon selber. Der Supermann des 21. Jahrhunderts ist ein Held des Alltags, er schafft es, beim Telefonanbieterwechsel die alte Nummer mitzunehmen oder eine Blisterverpackung ohne Blutbad zu öffnen. Ich habe beispielsweise noch niemals Mahngebühren bezahlt. Das liegt daran, dass ich die erstaunliche Fähigkeit habe, Rechnungen sofort zu begleichen. Außerdem finde ich auf jeder Speisekarte sofort das beste Gericht, oft sogar die einzige essbare Speise, eine Fähigkeit, die mir oft das Überleben gesichert hat. Leider glauben andere Menschen, meinen Empfehlungen nicht immer und bestellen doch das Schnitzel. In der Bahn bekomme ich immer einen Sitzplatz, egal zu welcher Tageszeit ich unterwegs bin und egal wie schlafend sich jemand stellt. Und ich weiß im Voraus, wer die größten Krawallschachteln sein werden. Ich sehe voraus, dass die unscheinbare Dame, die völlig harmlos »Der Hundertjährige, der aus dem Fenster stieg« liest, gleich einen Anruf erhalten und dann alle im Umkreis von zehn Metern eine halbe Stunde zu Tode nerven wird. Ich setze mich neben einen sehr dicken Mann, der Sudokus löst, der zwar ein Viertel meiner Sitzfläche beansprucht, aber dafür nicht telefonieren wird. Meine größte und wichtigste Superkraft entfaltet sich bei Ikea. Ich habe nämlich die außergewöhnliche Fähigkeit, nicht durch die Möbelabteilung im 1. Stock laufen zu müssen, um zwei Stunden und sechs Kötbullar später die Duschvorhänge im Selbstbedienungsbereich im Erdgeschoss zu erreichen. Da ich weiß, wo die Nordwestpassage bei IKEA ist, gehe ich direkt in die Badabteilung, greife mir den Bokvik-Duschvorhang und bin in drei Minuten wieder draußen. Ich kann das aber auch mit jedem anderen Artikel, dadurch habe ich

bestimmt mehrere Wochen wertvoller Lebenszeit gewonnen, die ich zur Rettung der Menschheit gewinnbringend einsetzen kann.

Wir rufen Flipper

Die sechziger Jahre des vergangenen Jahrhunderts waren ein ganz erstaunliches Jahrzehnt. Nicht nur wegen Studentenunruhen, Beatles, Mondlandung und Flower Power. Es war auch die Zeit, in der Mensch und Tier eine besonders enge Bindung hatten. Die Tiere verstanden damals tatsächlich unsere Sprache, was viele Dokumentationen bewiesen. Sie trugen Titel wie »Lassie«, »Fury«, »Flicka«, »Flipper«, »Daktari« und »Skippy das Buschkänguru«. Diese Tiere hatten uns etwas zu sagen. Und zwar ständig. Täglich blickten wir in den Fernseher und fragten uns: »Warum bellt Lassie denn so merkwürdig, warum wiehert Fury so seltsam, warum meckert Flipper so aufgebracht, warum schnattert Cheetah so aufgeregt, warum hüpft Skippy so nervös herum – wollen sie uns etwa etwas mitteilen? Natürlich wollten die braven Tiere unsere Aufmerksamkeit auf eine Notsituation lenken, irgendwo brannte ein Haus, war ein Rochen in Not, lag ein kleines Mädchen eingeklemmt unter ihrem Dreirad oder versuchten Wilderer einem Elefanten die Stoßzähne abzuschrauben.

Ohne die sprechenden Tiere hätte der Mensch nichts gemerkt und das Verbrechen den Sieg davon getragen. Der klügste von allen war selbstverständlich Flipper. Ein fischförmiges Säugetier, das zehn Sprachen fließend und drei gebrochen beherrschte und selbst die kompliziertesten Zusammenhänge begriff. In einer Folge war er tatsächlich kurz davor, ein gerissenes Stromkabel zu reparieren (»Flipper und das Stromkabel«). Flipper schwamm vor der Küste Floridas herum. Er gehörte nicht nur zur Familie der Tümmler sondern auch zu der von Porter Ricks (Brian Kelly), einem verwitweten Ranger und seinen beiden Kindern Sandy (Luke Halpin) und Bud (Tommy Norden). Hin und wieder fungierte ein Pelikan namens Pete (Pete) als Faktotum. War Flipper einmal nicht zur Stelle, hielt Bud eine Handhupe ins Wasser und erzeugte ein schnarrendes Geräusch, das den Delfin zuverlässig anlockte. Heute wäre diese Hupe ein Merchandising-Produkt der Premiumklasse. Kinder würden sie in ihr Aquarium halten und die Guppys zu Tode erschrecken. In Hallenbädern könnte man damit Bademeister in hellen Scharen anlocken und Rentner desorientieren. Doch damals ging es nicht um den schnöden Verkauf von Delfin-Fanartikeln. Es ging um höhere Werte wie Naturverständnis, Umweltschutz und Weltrettung.

Vor allem hierzulande genoss Flipper große Beliebtheit. Ein Tier, dessen Intelligenzquotient höher war als der des Durchschnittsdeutschen und das außerdem noch besser schwimmen und tauchen konnte, musste einfach ein Idol werden. In den Siebzigern wurde Flipper durch ein Wesen namens Jacques Cousteau abgelöst, bei dem es sich auch um einen intelligenten Meeressäuger handelte, aber leider nicht um einen Delfin, sondern nur um einen Franzosen.

Während der Dreharbeiten zur Fernsehserie von 1964-68 beschäftigte man zwei Delfin-Darsteller namens »Suzy« und »Cathy« in der Rolle von Flipper, die sich beide mit Fischen bezahlen ließen. Die menschlichen Schauspieler nahmen lieber Geld, erreichten aber später nie wieder eine so große Popularität wie damals, als sie noch gnädigerweise einem Delfin zur Hand gehen durften.

Flipper war die erste Fernsehserie, die fast komplett im und auf dem Wasser spielte. An Land wirkten auch die humanoiden Hauptdarsteller immer merkwürdig unbeholfen, aber sobald sie ein Boot, ein Surfbrett oder einen Helikopter unter den Füßen hatten, bewegten sie sich

schnell, geschickt und fest entschlossen. Als Kind in Ostwestfalen bedauerte man den allgemeinen Mangel an großen deutschen Wasserflächen und starrte missmutig auf den Dümmer oder das Steinhuder Meer, aus deren Fluten sich leider niemals ein Delfin erheben würde, um uns mit aufgeregt keckernder Stimme auf die Gefahr eines Sonnenbrandes oder eines drohenden Hausarrestes aufmerksam zu machen.
Trotz solcher Probleme lebte man aber in optimistischen Zeiten. Die Erwachsenen hatten Hoffnungen, vermehrten sich fleißig und waren auf dem zweiten Bildungsweg unterwegs, weil sie es auch mal so weit wie Flipper bringen wollten.

Wie die HÖRZU beinahe mein Leben zerstörte

HörZu gibt es seit über siebzig Jahren und ich bin von Anfang an dabei. Jedenfalls kommt es mir so vor. Ich wuchs auf mit Mecki, Original und Fälschung und vor allem der Humorseite, die zu meinem Ausbildungscamp wurde. Da wurde gefragt, was dieses Straßenschild zu bedeuten habe und als eine von drei Antwortmöglichkeiten bot man an: »Fußgänger hat Ärger mit seinem Schirm«. Ich kann noch heute an nichts Anderes denken, wenn ich das Schild sehe.

Oder die Geschichte von dem Kölner Ehepaar in Paris. Die Frau bricht ohnmächtig zusammen, da kommt ein Franzose und ruft aus: »Oh, Madam, toute malade, toute malade!« Darauf der Ehemann: »Tut ma ja aach laad, wenn isch bloß wüsst', was Eau de Cologne uff Französisch haaßt.« Ich befürchte, dass ich dank HörZu ebenfalls weiß, was ein Sachse in London sagt, wenn er einen Weihnachtsbaum kaufen will: »Attention please!«

Mit vierzehn Jahren verdiente ich dann zum ersten Mal Geld mit der HörZu. Ich wurde Zeitungsausträger und brachte jeden Donnerstag im Bielefelder Osten Hunderte von Exemplaren zu den Abonnenten, die gierig darauf warteten. Als Abonnent bekam man das Heft nämlich zwei Tage früher als am Kiosk und konnte die kommende Woche besser planen. Es gab zwar nur drei Programme, aber damals strukturierte das Fernsehen das Leben und den Feierabend aller Bürger. Man arbeitete das Heft gewissenhaft durch, um auf keinen Fall etwas zu verpassen und um interessante Sendungen anzukreuzen.

Fernsehen war eine ernstzunehmende Beschäftigung und Peter Alexander war Gott, zusammen mit Karel.

Die Kunden bezahlten mich in bar an der Haustür, das Heft kostete 90 Pfennig, womit schon mal zehn Pfennig Trinkgeld gesichert waren. Die meisten legten aber noch etwas drauf, vor allem, wenn man im strömenden Regen unterwegs war. Ich bekam einen Austrägerlohn und jede Woche eine HörZu umsonst. Einmal im Monat musste ich die Einnahmen abliefern und schon in kürzester Zeit war ich mindestens eine Woche im Rückstand, weil ich mir einen gewaltigen Vorschuss auf meinen Lohn gegönnt hatte.

Dank der Service-Seiten in der HörZu wusste ich leider auch immer, welche Musik ich unbedingt benötigte. Damals leistete sich das Blatt sogar eine eigene Schallplatten-Edition, die mich mit Can, Softmachine, Steve Miller, McGuinness-Flint, Pink Floyd sowie John & Alice Coltrane bekannt machte. Ich war in einem Teufelskreis gefangen. Das Geld, das ich mit dem Austragen der HörZu verdiente, gab ich, dank der laschen Abrechnungspraxis, noch bevor ich es wirklich besaß, für HörZu-Schallplatten aus. Mein Zahlungsziel rückte in immer weitere Ferne, in meiner Verzweiflung nahm ich einen zweiten Bezirk dazu, was meine Schulden und meine Plattensammlung nur noch vergrößerte.

Am Ende arbeitete ich an drei Nachmittagen in der Woche zusätzlich im Lager einer Spedition, um die HörZu-Schulden abzutragen. Ich wiederholte zwei Klassen, weil ich mich in der Zeit um die Schule nun wirklich nicht auch noch kümmern konnte. Nach fünf Jahren gelang es mir erstmals, am Ende eines Monats alles exakt abzurechnen, und das nahm ich zum Anlass, sofort zu kündigen. Danach geriet ich in die Fänge der Deutschen Bundespost und machte Bekanntschaft mit dem Bierautomaten im Keller des Zentralen Briefabgangs am Bielefelder Hauptbahnhof, aber das ist eine ganz andere Geschichte, die auch einen gefährlichen Suchtcharakter hatte.

2008 bekam ich dann unverhofft noch einmal das Angebot, mit der HörZu Geld zu verdienen. Ich sollte in dem Blatt schreiben, das ich dreißig Jahre zuvor, den Menschen in den Briefkasten gesteckt hatte. Ich zögerte nicht und wurde Hör-Zu-Kolumnist, eine Tätigkeit, auf die ich augenscheinlich seit meiner Jugend hingearbeitet hatte.

Der Bildungskanon

In Pisa-Studien schneiden die Deutschen meistens schlechter ab als die Kelten, die ja noch nicht mal eine eigene Schrift hatten. Dabei ist Bildung echt scheißwichtig, weil man damit in jeder verfickten Situation krass punkten kann. Aber wie kommt man an die Kackbildung ran? Indem Sie den folgenden Vortrag auswendig lernen, es beginnt mit:

Zahlen

Was man wissen muss – Es gibt große und kleine Zahlen, sympathische und unsympathische. Die 3 ist eine der beliebtesten Zahlen (Tenöre, Musketiere, hl. Könige, von der Tankstelle, Amigos, Faltigkeit), Es gibt nur vier offiziell genehmigte Arten, Zahlen zu verändern. Das Dazutun (i.e. Addieren), das Wegtun (i.e. Subtrahieren), das Mehrmachen (i.e. Multiplizieren) und das Kaputtmachen (i.e. Bruchrechnen).

Was man wissen könnte – Man unterscheidet zwei Arten von Zahlen: die, die sich alles bieten lassen und die Primzahlen, das sind Zahlen, die prima alleine klarkommen und sich von niemandem auseinanderdividieren lassen.

Was man nicht unbedingt zu wissen braucht – Die Doppelnull ist sowohl die Lizenz zum Töten als auch ein Sanitärreiniger, als auch die Auslandsvorwahl!

Was man besser gar nicht wissen sollte Gleichungen mit 3 Unbekannten können niemals aufgehen. Ein Treffen mit zwei geheimnisvollen Unbekannten kann dagegen durchaus schöne Resultate hervorbringen.

Astronomie

Was man wissen muss – Das Schwarze ist die Unendlichkeit, das Helle sind die Sterne. Das ganz helle Ding ist die Sonne. Die Ägypter glaubten, dass der Sonnengott jeden Morgen mit seinem Wagen über den Himmel fährt. Uns steht es wohl kaum an, die Erkenntnisse eines so alten Kulturvolkes anzuzweifeln.

Was man wissen könnte – Der erste Kommunist im All hieß Juri Gagarin, er suchte seinen Hund, den die verdammten Russen kurz vorher auf den Mond geschossen hatten.
Was man nicht unbedingt zu wissen braucht – Der Mensch ist nicht die einzige Lebensform im Universum. Tatsächlich ist die Welt voll von missgestalteten Außerirdischen, die sich ihren Lebensunterhalt mühsam in schlecht produzierten Fernsehserien verdienen müssen, wie »Notruf Hafenkante«, »Gute Zeiten Schlechte Zeiten« oder »In aller Freundschaft«. Mitleid ist aber fehl am Platze, warum sind die nicht auf ihrem scheiß Heimatplaneten geblieben?
Was man besser gar nicht wissen sollte – Die Saurier lebten Millionen Jahre glücklich und zufrieden, bis plötzlich ein dicker Meteorit auf die Erde knallte, genau in dem Moment, als sämtliche Saurier ziemlich eng beieinanderstanden. Das nennt man Pech! Wissenschaftler befürchten nun, dass nach dem Gesetz der Trägheit, eines Tages ein ziemlich dicker Saurier auf die Erde knallen könnte. Deshalb unbedingt große Menschenansammlungen meiden!

Buchstaben
Werden gerne zur Füllung von Büchern benutzt, finden sich aber auch auf Videotexttafeln und Beipackzetteln. Wo mehrere Buchstaben zusammenstehen, kann es zu Worten kommen, wie Wmpfbrdgrmmpf oder Autorenversorgungswerk. Da Buchstaben die unselige Tendenz haben, sich in großen Gruppen zusammenzurotten, sind sie natürlich immer in Gefahr, von Meteoriten oder Sauriern erschlagen zu werden. Dann werden uns die Worte fehlen.
Was man wissen muss A, B, C, D, E, F, G, H, I, J, K, L, M, N, O, P, Q, R S, T, U, V, W, X, Y Z.
Was man wissen könnte Ä, Ö, Ü.
Was man nicht unbedingt zu wissen braucht ß.

Was man besser gar nicht wissen sollte – Buchstabensuppe hilft nicht gegen Legasthenie, sondern nutzt nur der Buchstabensuppenindustrie.

Literatur

Große Länder haben große Literatur (Faulkner, Stevenson, Dostojewski), kleine Länder haben lizensierte Übersetzungen, Irland hat James Joyce. Zur Herstellung von Literatur benötigt man Buchstaben.

Was man wissen muss – Tschechow, Ror Wolf, Astrid Lindgren, Otfried Preußler, Kinder lieben Schneider Bücher, Goethe, Shakespeare, Jean Pütz d. Ä.

Was man wissen könnte – Den Unterschied zwischen Upton Sinclair, Sinclair Lewis, John Sinclair, John Updike und Dick van Dyke.

Was man nicht unbedingt zu wissen braucht – Hätte man Hitler malen lassen, wäre er niemals Schriftsteller geworden.

Was man besser gar nicht wissen sollte – In vielen Ländern der Welt dürfen Schriftsteller nicht schreiben, was sie wollen. Wenn sie es doch tun, ist ihr Leben in Gefahr. Goethe durfte schreiben, was er wollte. Er musste trotzdem sterben.

Tiere

Wenn wir es eines Tages nicht mehr bringen, weil wir den Bildungskanon nicht draufhaben, übernehmen wieder die Tiere. Der Hund hat sich schon jetzt an uns Menschen rangeschleimt und denkt, wir würden ihm das Geheimnis des Feuermachens verraten. Tiere können uns mit einem Biss derartig schwächen, dass wir keine Goethe-Gesamtausgabe mehr hochheben könnten. Darunter leidet natürlich die Bildung.

Was man wissen muss – Rohrdommel, Blauracke, Fichtenkreuzschnabel, Schabrackentapir, Schuhschnabel.

Was man wissen könnte – Enten sind in der Lage, gleichzeitig zu schlafen und Wache zu halten. Solche außergewöhnlichen Vögel sollte man nicht einfach aufessen.
Was man nicht unbedingt zu wissen braucht – Am besten schmecken Enten in einer Kognacsauce an Mandeln auf einem Wildreisbett.
Was man besser gar nicht wissen sollte – Dazu passt ein 88er Vougeot 1er Cru Clos de la Perrière oder ein 95er Morellino di Scansano.

Pflanzen
Was man wissen muss – Es gibt zwei Arten: Beilagen und Steinobst.
Was man wissen könnte – Bonduelle ist das famose / Zartgemüse aus der Dose.
Was man nicht unbedingt zu wissen braucht – Moos wächst immer an der Seite des Baumes, an der man es am wenigsten vermutet.
Was man besser gar nicht wissen sollte – Wenn man Blumenkohl nach dem Garen etwa zwei Tage lang im verschlossenen Topf aufbewahrt und dann den Deckel abnimmt, wird man von dem Geruch sehr überrascht sein.

Philosophie
Die Lehre vom Sinn des Lebens. Beginnt mit Sokrates, dem, mit der bösen Alten, und Diogenes, dem Mann in der Tonne, und endet mit Foucault, dem »philosophierenden Baguette«, und Peter Sloterdijk, dem denkenden Altkleidersack.
Was man wissen muss – Kant kam nie aus Königsberg raus.
Was man wissen könnte – Plato kam noch nicht mal bis Königsberg.
Was man nicht unbedingt zu wissen braucht – Hegelianer kommen langsam aber gewaltig.
Was man besser gar nicht wissen sollte – An Jesus kommt keiner vorbei außer Libuda.

Sexualität

Sex ist neben Demokratie und Mutterliebe die dritte Säule der deutschen Gesellschaft. Die Tatsache, dass Sie diesen Text lesen können, verdanken Sie der Sexualität.

Was man wissen muss – Der Penis ist keineswegs der Mercedes unter den Sexualorganen, sondern der Opel Corsa / das Kondom ist dagegen der Golf unter den Verhütungsmitteln / die weibliche Brust ist die Schweiz unter den Körperregionen, Frauen wollen immer nur das Eine, Männer das Andere.

Was man wissen könnte – Über 90% aller Menschen können während des Geschlechtsakts schlecht einschlafen, kein Wunder: Sexualität ist häufig die Ursache von Schlafstörungen.

Was man nicht unbedingt zu wissen braucht – Einer geht noch, einer geht noch rein / man kann sich auch durch Zellteilung fortpflanzen.

Was man gar nicht zu wissen braucht – Bei jedem Orgasmus werden Milliarden Gehirnzellen zerstört, vor allem das Erinnerungsvermö..., äh das, also die Fähigkeit, wenn man nicht mehr, na, also diese, das, puh.....

Dreck machen

1978 war ich ein mittelfrustrierter 21-Jähriger. Ich hatte zu viele Schuljahre absolviert und zu wenig Sex gehabt. Ich konnte weder Gitarre spielen noch rauchen, kannte keine Kartentricks und hatte Angst, bewusstseinserweiternde Drogen zu nehmen, weil ich befürchtete, dass es da nicht viel zu erweitern gab. Die Frau meiner Träume hieß Emma Peel und Punkmusik war mir eigentlich zu brutal. Aber mir gefiel die anarcho-nihilistische Grundhaltung der Bewegung und die Punk-Fanzines faszinierten mich besonders. So ein zusammengeklebtes und -geschustertes Heftchen wollte ich auch machen. Nachdem ich längere Zeit mit dem Titel »Revolverblatt« geliebäugelt hatte, entschied ich mich für »Dreck«, das klang brutaler, klarer, ehrlicher. Meine ganze Verachtung für das System und alle, die mehr Erfolg bei Frauen hatten, klang darin an. Ich schrieb ein paar Texte und bald wurde mir klar, dass ich das alleine niemals schaffen würde. Jetzt erwies es sich doch als Vorteil, dass ich auf dem Gymnasium viele Klassen mehrfach durchlaufen hatte, denn dadurch hatte ich irgendwann auch die geeigneten Mitstreiter für das Blatt kennengelernt. Alle hatten irgendeine Rechnung mit der Welt offen und es war nicht immer dieselbe. Rü hatte Farbenlithographie bei Mohndruck studiert, Fritz kannte Mad auswendig, Harald war nach zwei Jahren Schülerunion vollkommen traumatisiert und Christian durch kommunistische Gehirnwäsche davon überzeugt, jederzeit die Weltherrschaft übernehmen zu können. Wir liehen uns eine Kugelkopfschreibmaschine für zehn Mark, plus zwei Kugelköpfe mit unterschiedlichen Schrifttypen für zwei Mark, wir schnitten skurrile Überschriften aus anderen Zeitungen, klebten sie neu zusammen und am Ende hatten wir die Vorlage für die erste Ausgabe von Dreck, die wir in einem Copy-Shop drucken oder besser vervielfältigen ließen. Auf dem im Stil von Robert Crumb gezeichneten Titel saß eine langhaarige herunter gekommene Gestalt auf dem Klo und las Dreck. Crumb, der Chronist der Hippie-Bewegung, auf dem Cover eines Semi-Punk-Dada-Satiremagazins? Wir gehörten weder zur einen noch zur anderen Bewegung, zu jung für 68 und zu alt für Punk, wie es Diedrich Diederichsen sehr viel später formulieren sollte. Die erste Ausgabe war gratis, wir verteilten die Auflage von ca. 300 Exemplaren nach wenig nachvollziehbaren Kriterien. Ich legte heimlich mehrere Hefte ins Lehrerzimmer des Ratsgymnasiums, aber der von mir erhoffte Skandal blieb aus, wahrscheinlich weil wir infantile Pseudonyme wie Admiral Tirpitz, L.M. Opekuh oder Roden von Bäumen (mein Favorit) benutzten. Die zweite Ausgabe kostete schon 50 Pfennige, ich kann mich nicht erinnern, ob das jemand bezahlt hat. Optisch wirkte das Heft, als habe jemand ein schlecht gestaltetes Magazin nochmal besonders schlecht kopiert. Jedes Heft war randvoll mit größenwahnsinnigen Manifesten, rabiaten Satiren, opulenten Kurzgeschichten, anarchischen Comics und Service-Rubriken wie »Rent-A-Redakteur« oder dem Angebot, für Geld andere Menschen, Behörden oder Staaten zu beleidigen. Ein Heft musste Rü mit der Nähmaschine nähen, weil wir vergessen hatten, uns einen Apparat zu leihen, der die Seiten verklammerte. Jemand schenkte uns mehrere alte Letraset-Bögen, aus denen wir begeistert brüchige Buchstaben auf unser Layout rubbelten, irgendwann durften wir den urtümlichen Composer eines befreundeten Karthographie-Unternehmens benutzen und brachten erstmals so etwas wie Blocksatz zustande. Das Heft war jetzt fast durchgängig lesbar. Wir zogen solange durch die Gastronomien von Bielefeld, Münster, Osnabrück, Detmold, Herford und Hameln, bis wir die Auflage verkauft hatten. Mit den Einnahmen finanzierten wir das jeweils nächste Heft. Irgendwann, auf sehr komplizierten Wegen, nahmen wir Kontakt zur Titanic auf, wurden, bis auf Rü, und der auch beinahe, für kürzere oder längere Zeit Redakteure und ich brachte es, aufgrund meiner hohen Leidensfähigkeit, sogar zum Chefredakteur. 2019 übernahm das Bielefeld Stadtarchiv vier Bananenkisten mit Manuskripten, Fotos, Rechnungen, uralten Letrasetbögen und unserer gut geführten Abonnentenkartei. Dabei stellte sich heraus, dass die Ausgabe No. 16 in Rohform bereits vorhanden und ansatzweise konzipiert worden war. Wir beschlossen, noch ein weiteres Heft herauszubringen. Ich habe wohl an kaum einem Projekt mit mehr Freude gearbeitet. Zum ersten

Mal seit langer Zeit hatte man wieder die volle Kontrolle über das Produkt, man schrieb nicht nur einen Text für ein größeres Ganzes, sondern gestaltete das größere Ganze gleich mit. Wir konnten Max Goldt, Til Mette und Eckhard Henscheid überreden, uns exklusives Material zur Verfügung zu stellen, und füllten den Rest der 160 Seiten mit Beiträgen, die kein anderes Medium genommen hätte außer unserem eigenen. Dank innovativer Anzeigenakquise hatten wir die Produktionskosten schon vor Erscheinen im Sack. Es war ein herrlich größenwahnsinniges Gefühl der Allmacht. Das Blattmachen ist schöner, erfüllender und natürlich großartiger als jede angebliche Selbstverwirklichung in den Sozialen Medien. Jeder Mensch sollte seine eigene Zeitung, sein eigenes Magazin gestalten. Das würde außer der Papierknappheit alle Probleme lösen.

Wenn die Welt auf meinen Vater gehört hätte

Wie sehr viele Autoren wollte auch ich mal einen Vaterroman schreiben. Oder eher so einen von diesen Familienromanen, die immer ganz vorne auf den Bestsellerlisten landen. Der erste Satz sollte lauten: »Meine Mutter hatte drei Nieren und mein Vater war der Erfinder der langen Kontonummer«. Da will man doch sofort weiterlesen. Im folgenden Exposé kommt der Satz gar nicht vor, es geht trotzdem ganz gut los, aber ich hätte das Tempo nicht halten können:

Wenn die Welt auf meinen Vater gehört hätte, ginge es uns allen besser. Viele Menschen könnten noch am Leben sein, mich gäbe es allerdings mit einiger Wahrscheinlichkeit nicht. Denn damit es mich geben konnte, musste ja die Welt erst mal nicht auf meinen Vater hören. Es ist nicht so, dass niemals jemand auf meinen Vater gehört hätte. Wenn das der Fall wäre, hätten wir immer noch ganz kurze Kontonummern. Mein Vater hat nämlich die lange Kontonummer erfunden. Es war eine Sache, die längst überfällig war, ich habe aber nicht ganz begriffen, warum. Anscheinend waren die kurzen Kontonummern zu rätselhaft oder arbeitsintensiv und als die Nummern länger wurden, ließen sich einzelne Zahlungsvorgänge leichter nachvollziehen. Ich persönlich bevorzuge eigentlich kurze Romane, aber man kann grundsätzlich davon ausgehen, dass in längeren Romanen mehr drinsteht. Mein Vater hat leider nicht die langen Romane erfunden, sonst wäre ich der Sohn von Tolstoi oder Robert Musil, sondern eben etwas so Merkwürdiges wie die lange Kontonummer. Aber einer musste es ja tun. Es ist komisch, dass ausgerechnet er darauf gekommen ist. Es schien ja auf der Hand zu liegen. Heute gibt es nur noch lange Kontonummern, außer man hat sein Geld bei einer Privatbank untergebracht, da brauchen sie wahrscheinlich überhaupt keine Nummern. Das mit der langen Kontonummer ist natürlich so eine Sache. Ich weiß selber nicht, wofür die gut sein soll und ich werde auch nie auf Partys angesprochen: »Sagen Sie mal, hat Ihr Vater damals nicht die lange Kontonummer erfunden? Kolossale Sache, das! Erinnere mich noch, als ob es heute wäre. Wir lagen vor Stalingrad, der Iwan haut uns die verbleiten Grüße nur so um die Ohren, doch ihr Vater hockt seelenruhig da und schreibt Zahlen auf einen Zettel, immerzu Zahlen, immer längere und ich frag ihn, Mensch, Erwin, was soll das, und er sagt …«

Kurze Zeit später bekomme ich einen Brief der Stadt Bückeburg, in dem man mir mitteilt, man habe sich entschlossen, dem größten Sohn der Stadt ein Denkmal zu setzen. Der größte Sohn bin aber nicht ich, sondern mein Vater. Eigentlich müsste es korrekt dem größten Vater der Stadt heißen. Aber das ist nicht üblich. Mein Vater hat lange in Bückeburg gelebt und es hat neben ihm niemand dort gelebt, der etwas Bedeutenderes als die lange Kontonummer erfunden hat. In Bückeburg arbeitete Hermann Löns ein Jahr als Lokalredakteur und Gottfried Herder war Prediger, aber das liegt alles schon so lange zurück. Wer weiß schon, wer Hermann Löns war? Wenn man heute ein Wort wie »der Heidedichter« hört, dann denkt man, er habe für Ungläubige geschrieben und es müsse eigentlich der Heidendichter heißen. Aber das war Ehm Welk, der »Die Heiden von Kummerow« geschrieben hat. Bei dieser gigantischen Begriffsverwirrung ist es wirklich kein Wunder, dass man sich in Bückeburg auf so eine saubere und klare Sache wie die lange Kontonummer besonnen hat. Man will meinem Vater eine Art Standbild oder Stele widmen. Alles symbolisch natürlich. Heute kommt man ja nur selten auf die Idee, eine Person direkt in Stein zu meißeln oder in Bronze zu gießen. Mich hätte das gefreut, denn das ist es doch, was die Leute am meisten interessiert, wie so jemand ausgesehen hat, der sich die langen Kontonummern einfallen ließ. »Hätte ich mir viel größer vorgestellt«, würden die Leute sagen, weil sie mit langen Kontonummern irgendwie auch einen großen Menschen in Verbindung bringen.

Weil sie das also mit Sicherheit nicht in Bückeburg machen, bin ich gespannt auf die künstlerische Umsetzung der Idee. Vielleicht ganz viele Zahlen zu einer Pyramide geschichtet oder eine Art Irrgarten mit Zahlen aus Buchsbäumen, damit die Kinder auch ihren Spaß haben. Eine begehbare lange Kontonummer, das würde mir gut gefallen. Unterirdisch könnte man ja noch ein Informationszentrum einrichten, dann würde ich vielleicht auch mal erfahren, was eigentlich die größte Lebensleistung meines Vaters ausgemacht hat. Ich habe keine Ahnung, ob man sich in Bückeburg solche Gedanken macht. Wahrscheinlich haben sie da genug anderes zu tun.

Sie könnten sich das aber wirklich mal überlegen, denn mein Vater hat auch den Bogenschießsport nach Bückeburg gebracht. Ob sie den da wirklich gebraucht haben,

kann ich nicht sagen, mein Vater hat niemanden gefragt, sondern einfach das Bogenschießen nach Bückeburg gebracht. Irgendwann in den siebziger Jahren des letzten Jahrhunderts hat man dann im Bückeburger Schießsportverein mit Pfeil und Bogen herumgefuchtelt. Aber das nur nebenbei.
Mein Vater war 82 Jahre, als er starb. Von diesen 82 Jahren habe ich ihn vielleicht sechs Jahre lang gekannt und, wie man so sagt, bewusst erlebt eigentlich nur zwei Jahre. Erst musste nämlich seine zweite Frau sterben, bevor er sich trauen konnte, seinen Nachbarn zu sagen, dass er noch einen Sohn hatte neben dem Sohn, den er mit der gestorbenen Frau hatte. Das war eine komplizierte Zeit damals und in Bückeburg vor allem. Jetzt liegt mein Vater in einer ziemlich kleinen Urne, für den Erfinder der langen Kontonummer eigentlich nicht besonders angemessen. Kommen wir zurück zu der Welt, die auf meinen Vater hätte hören sollen. Er hatte einen Kameraden, der in der Wolfsschanze, in unmittelbarer Führernähe arbeitete und der erzählte am Wochenende immer, wie verrückt dieser Hitler sei. Mein Vater erwiderte, wenn der wirklich so durchgeknallt sei, dann sollte der Kamerad doch einfach mal eine Pistole mitnehmen und Hitler erschießen. So war mein Vater drauf, aber der Kamerad hat nicht auf ihn gehört und nur deshalb konnte ich entstehen. Denn der verrückte Hitler machte weiter und nach dem Krieg, in dem mein Vater als Marineangehöriger vier Mal versenkt wurde, traf er in einem Lübecker Krankenhaus meine Mutter. So rettete Adolf Hitler mein Leben.

Ich und Bukowski

1978 arbeitete ich in Bielefeld im Zentralen Briefabgang der Post. Es war eine fantastische Tätigkeit, ich konnte überhaupt nicht begreifen, dass ich auch noch Geld dafür bekam. Als ich anfing, hatte ich Schwierigkeiten, eine Flasche Bier vollständig auszutrinken, ich fand das einfach technisch relativ beschwerlich, weil die Flaschenöffnung so klein ist.

Als ich nach drei Jahren mit einiger Mühe und eigentlich gegen meinen Willen wieder bei der Post aufhörte, konnte ich sehr viele Flaschen Bier hintereinander leeren. Es gab im Keller des Zentralen Briefabgangs einen Automat, der insgesamt acht Getränke lieferte und sieben davon waren Bier. Pils, Export, Alt und Bockbier, wenn es die Jahreszeit erlaubte. Man musste sich sehr tief bücken, wenn man die Taste für Wasser drücken wollte. Der Automat wurde von einem Mitarbeiter zärtlich betreut und sorgfältig nachgefüllt. In den Nachtschichten trank man Hochprozentiges aus ostwestfälischen Brennereien und dank eines archaischen Tischgrills waren wir in der Lage, das Hackfleisch auf unseren Brötchen, das Hähnchen Hägerbäumer besorgt hatte, ordentlich durchzubraten. Hägerbäumer hieß natürlich nicht wirklich Hähnchen mit Vornamen, sondern Hans. Aber weil er die Haut eines frischgerupften Huhnes und die Kollegen eine Vorliebe für Alliterationen hatten, kannte ich ihn nur als Hähnchen Hägerbäumer.

Wir hörten reichlich Musik und Herr Lechtermann machte mich mit dem Gesamtwerk von Buddy Holly vertraut. Es gab neben Hägerbäumer und mir noch viele andere Mitarbeiter, die Hans hießen und gerne Hänschen, Hansi oder Hennes gerufen wurden. Ich wurde aus mir nicht vollständig nachvollziehbaren Gründen meistens als »Hennessy aus Tennessee« tituliert. Fast jeder meiner Kollegen hatte mindestens einmal den Lappen abgeben müssen, manche zweimal. Ich wusste, es war lebensgefährlich, morgens um sechs Uhr auf der Straße unterwegs zu sein, weil dann die ganzen sturzbetrunkenen Postler von der Nachtschicht nach Hause fuhren. Die Verladung der Beutel, mit der von Lechtermann, Hägerbäumer und mir fein- und grobsortierten Briefpost in die entsprechenden Waggons, besorgten Männer, die in Algerien geboren waren und auf Geheiß von Mohammed keinen Alkohol zu sich nahmen, aber dafür derartig hingebungsvoll kifften, dass man oft den Handhubwagen nicht mehr vor Augen sehen konnte. Man durfte die Postsäcke aus Respekt übrigens niemals als Säcke, sondern immer nur als Beutel bezeichnen, darauf achtete jeder, auch im Zustand der Volltrunkenheit.

Am späten Nachmittag füllten sich die Räume mit Frauen jeden Alters, die für die Sortierung von Kleinholz, also Postkarten und Briefe, zuständig waren. Das Langholz, also Umschläge ab DIN A 5 aufwärts, war Männersache. Es war auch Männersache, die Fächer der Frauen bei Bedarf freizuräumen, anschließend schaute man durch freigewordene Lücke und flirtete, wenn einem danach war. Auf diese Weise wurden einige Ehen angebahnt, die aber ständig auf der Kippe standen.

Postkarten wurden gerne gelesen, es kamen regelmäßig rätselhafte Botschaften aus Bethel, wo viele psychisch Kranke untergebracht waren. Auf einer unverständlich adressierten Ansichtskarte las ich eines Tages die Worte: »Ich hasse Sigmund Freud, das altes Sackgesicht / und male deshalb nicht.«

Samstags fuhr ich mit Gert Klein zur Radrennbahn, wo er mir zeigte, wie man ein Auto vernünftig pflegt. Er öffnete die Motorhaube meines Ford 12m Turnier und sagte ehrlich erschrocken. »Wie sieht's denn hier aus?« Danach war Zündkerzenputzen angesagt.

Wie gesagt, es war ein Traumjob. Man bekam Wechselschichtzulage, Staubzulage, Bekleidungszulage, Sackzulage, Sonntagszulage und Nachtzulage und am Ende eine echte

Lohntüte mit echtem Geld drin, mehr als ich damals ausgeben konnte. Ich mochte den Job so sehr, dass ich eigentlich für immer dableiben wollte. In der Personalabteilung unterbreitete man mir einen Vertrag, in dem mein weiteres Leben bis zur Pensionierung als Oberpostdirektor genau geregelt wurde. Ich bat mir einen Tag Bedenkzeit aus, weil mir das unheimlich vorkam. Ich war bisher auch ohne Plan klargekommen und eigentlich wollte ich nicht in den gehobenen Dienst. Meine damalige Freundin riet mir dringend von dem faustischen Pakt ab und fragte: »Willst Du wirklich Alkoholiker werden?« Ich fragte patzig: »Wieso werden?«, verzichtete aber dann doch auf die gehobene Trinkerausbildung und blieb ein einfacher Arbeiter.

In meiner Freizeit schrieb und klebte ich mit Freunden das »Dreck Magazin« zusammen, eine Mischung aus Punk-Fanzine und Satirezeitung und als ich das Lechtermann während einer Nachtschicht erzählte, fand er das keineswegs befremdlich, sondern nickte anerkennend und sagte: »Wie Bukowski«. 1978 kannte jeder Bukowski, er war ein Superstar, bis heute wurden in Deutschland vier Millionen Bücher von ihm verkauft. Und natürlich wussten sie im Zentralen Briefabgang in Bielefeld, dass er auch mal im Zentralen Briefabgang in den USA gearbeitet hatte. Sie fühlten sich als Darsteller in einem Bukowski-Text, jedenfalls führten sie sich so auf. Bender und Dreesbeimdieker hatten sich tatsächlich mal »Der Mann mit der Ledertasche« gekauft. Bender war ein extrem lärmender Kollege, den das Rheinland schwer geschädigt hatte.

Als Hägerbäumer erzählte, er habe im Urlaub in einem Whirlpool gebadet, schrie Bender: »Das würd' ich nie machen, da sind mir zu viel kalte Bauern drin.« Das alles fiel mir wieder ein, als mich die Heimatzeitung darauf aufmerksam machte, dass die Charles Bukowski Gesellschaft ihre jährliche Tagung in Oberstedten abhalten wollte, fünf Minuten von meinem Schreibtisch entfernt. Ich musste allerdings noch den Rasen mähen und einen wasserabweisenden Schutzanstrich auf die Fassade streichen, deshalb bekam ich nur den Schluss der Veranstaltung mit. Es wurde ein Mitschnitt der einzigen Lesung in Deutschland, 1978, in der Hamburger Markthalle, gezeigt. Exklusives Material, dass nur die Bukowski Gesellschaft besitzt, die seit 1996 das Werk des Dichters hingebungsvoll pflegt.

Ich sah, wie Bukowski unter frenetischem Beifall auf die Bühne geführt wurde und sich auf einen Stuhl hinter einer Sperrholzplatte setzte, die man auf zwei Arbeitsböcke gelegt hatte. Links hinter ihm, eigentlich direkt neben ihm, stand ein Kühlschrank, aus dem er im Laufe der Lesung drei Flaschen Weißwein hervorholte und sehr diszipliniert leerte. Er begründete das mit den Worten: »Ich hatte wirklich zum ersten Mal das Gefühl, dass die Leute die Gedichte verstanden. Das warf mich zurück, ich musste also mehr trinken.« Es standen drei Gläser auf seinem Tisch, von denen er aber nur eins benutzte. Wasser schien er nicht zu brauchen. Dazu rauchte er ununterbrochen und es wurden ihm aus dem Publikum immer wieder Feuerzeuge angereicht. Die Stimmung war aufgepeitscht, einige hatten gewaltig vorgeglüht, um dem Meister die Ehre zu erweisen und um ihn besser anpöbeln zu können, weil sie fälschlicherweise dachten, jemand, dessen Texte reichlich Obszönitäten enthalten, würde schlechtes Benehmen zu schätzen wissen.

Bukowski war in bestechender Verfassung. Er sprach sehr langsam und deutlich und mit großer Überzeugung, wie jemand, der weiß, dass er etwas Bedeutsames vorzutragen hat. Er reagierte auf das Publikum und wies Zwischenrufer in die Schranken. Bukowski trank Müller-Thurgau, einen Wein, der bis heute kein wirklich gutes Renommee hat, der dem Dichter vielleicht gerade deshalb schmeckte. Letztendlich trank er alles, was man ihm vorsetzte, zum Arbeiten empfahl er ausdrücklich Weißwein: »Bier macht

dick, und scharfe Sachen zerfressen den Magen und die Leber, und es ist schwer, dabei zu schreiben. Guter deutscher Weißwein ist schon für 3,50 zu haben. Zwei Flaschen, und du erlebst einen netten Abend und wachst am nächsten Morgen nicht mit einem Gefühl auf, als hättest du die ganze Nacht nasse Katzenscheiße geschluckt.«
Heute versuchen viele Winzer den Müller-Thurgau salonfähig zu machen und führen dabei Bukowski als Kronzeugen an. Dank der archäologischen Arbeit, der Bukowski Gesellschaft war ich praktisch nachträglich doch noch dabei, denn während der Dichter damals in Hamburg las und trank, sortierte ich in Bielefeld Briefe und trank. Es heißt, Bukowski habe bei Lesungen hauptsächlich aus Unsicherheit viel getrunken, was ihm körperlich sehr geschadet hat. Deshalb gab er es irgendwann auf, das öffentliche Vorlesen.

Kontrollzwang

Vor Kurzem kam es zu unschönen Szenen. Globalisierungsgegner demonstrierten gegen die Globalisierung, Polizisten bewachten sie, aber die Globalisierungsgegner fühlten sich dabei nicht so wohl, wurden gewalttätig und am Ende verhafteten wachhabende Beamte viele Demonstranten. Ich habe in meinem Leben auch mal im Wachdienst gearbeitet. Und zwar im Jahre 1985. Das ist längst verjährt, ich sollte mir keine Sorgen machen, aber ich muss es trotzdem gestehen.
Wir wachten zu zweit, mein Kollege Hergen H. und ich, und wir hausten in einem olivgrünen Wohnwagen, der mit einem Tarnnetz umhüllt war. Wir patrouillierten täglich durch ein mehrere quadratkilometergroßes Gebiet.
Aber wen oder was bewachten wir eigentlich? Wir bewachten natürlich Kraniche, denn wir waren in der

Kranichbewachung tätig. Unser Auftraggeber war der DBV, das ist nicht der Deutsche Bund für die Verfolgung Unschuldiger, sondern der Deutsche Bund für Vogelschutz, der heute Nabu heißt. Der Kranich ist nämlich ein Vogel. Ein hochnervöser Vogel. Er kann es überhaupt nicht leiden, wenn er auch nur im Entferntesten gestört wird. Er muss alles immer in dem Zustand vorfinden, an den er seit Tausenden von Jahren gewöhnt ist. Evolutionäre Weiterentwicklung lehnt er ab. Höchst anspruchsvoller Bursche. Wir arbeiteten praktisch das ganze Jahr über für den Kranich. Im Februar musste ich 30 Kilometer mit einem zügigen Trecker bei Minus 20 Grad im Schatten in ein völlig unwegsames Moorgebiet fahren, um dort die sogenannte Kranichwiese zu mähen. Weil der Kranich es nicht mag, wenn ihm das Gras die Sicht versperrt. Dann landet er erst gar nicht und nimmt auch keine Brutgeschäfte auf.

Man musste also das Gras mähen, zusammenrechen und abtransportieren, damit der Kranich sich wohlfühlen konnte. Man erfuhr aber nie, ob überhaupt ein Kranich diese Arbeit zu schätzen wusste und ob er sich fortpflanzte, denn man durfte sich dieser Wiese auf keinen Fall nähern. Erspähte einen der Kranich, bekam er die Panik und verduftete. Ließ Eier oder Küken im Stich, weil er eben so ein hochnervöser Vogel ist. Diese Kranichwiese befand sich im Zentrum unseres Überwachungsgebietes und pflichtgemäß sahen wir sie natürlich nie. Wir umkreisten die Wiese im Abstand von drei bis vier Kilometern, schauten angestrengt durch unsere Ferngläser ins Unterholz und manchmal auch in den Himmel, wo kranichähnliche Wesen herumflogen. Aber das waren Graureiher. Die Reiher störte unser Anblick überhaupt nicht. Irgendwie hatte man sogar das Gefühl, die Reiher wären beleidigt gewesen, wenn sie keiner gesehen hätte. Im Flug knicken sie den Hals ein, damit man sie vom Kranich unterscheiden kann – der den Hals ausgestreckt hält. Reiher lieben die Nähe

von Menschen, man könnte sagen, es sind Kraniche mit exhibitionistischen Neigungen.
Hergen und ich waren allerdings keine Reiher-Ranger, sondern Kranichwachtmeister, aber wir hatten nicht die geringsten Befugnisse. Wir besaßen nicht die Lizenz zum Töten, sondern nur zum Labern. Sollten wir jemand sehen, der sich dem Kranichgelege zu nähern schien, dann hätten wir ihn höflich darauf hinweisen müssen, dass das nicht gut und obendrein verboten sei.
Es kam aber nie jemand, ich weiß also nicht, ob es so etwas wie Kranichchaoten gibt, die sich einen Spaß daraus machen, den Kranich beim Brüten zu stören oder denen der Anblick aufgeregter Kraniche einen gewissen sexuellen Kick verschafft. Wir nahmen die Bewacherei trotzdem sehr ernst, wir waren nervös wie Kraniche, schliefen nachts ziemlich unruhig, weil wir immer dachten, jemand latscht im Dunkeln quer über die Kranichwiese. Tagsüber verliefen wir uns häufig und fanden den Wohnwagen nicht wieder. Er war zu gut getarnt. Nach zwei Wochen kam unsere Ablösung, zwei frische, ausgeruhte Kranichwächter. Wir wussten zwar nicht, ob wir unseren Job gut gemacht hatten, aber es war wenigstens nicht zu Gewalttätigkeiten gekommen. Politisch waren wir schwer einzuordnen. Globalisierungsgegner konnte man uns wohl kaum nennen, denn wir unterstützten ja den Kranich, und der ruht sich im Winter gerne in Afrika oder in der Mongolei und Vietnam aus. Damit er im Frühjahr wieder Kraft hat, uns in Deutschland den letzten Nerv zu rauben.

Was waren die größten Erfolge der deutschen Außenpolitik?

Gewonnene Weltkriege	0
Verlorene Weltkriege	2

Weltverbesserungswahn

Ich habe in meinem Leben nicht besonders oft demonstriert. Grundsätzlich fand ich es wenig erfreulich, mich in einem Pulk geschmacklos gekleideter Menschen zu bewegen und scheußliche Lieder zu singen: »Heho, leistet Widerstand, gegen diese Herren hier im Land, schließt euch fest zusammen, schließt euch fest zusahammen.« Aber hin und wieder habe ich es doch getan, das gebe ich zu, vor allem, um engagierte Frauen zu beeindrucken. Zu meiner ersten Demonstration wurde ich von meinem kommunistenfressenden Lateinlehrer abkommandiert und ich rief mit Hunderten anderen: »Dubcek – Svoboda – Dubcek – Svoboda«, aber unsere Rufe blieben unerhört. Der Prager Frühling wurde von den Russen beendet, Dubcek kurz darauf abserviert und Svoboda entpuppte sich als Konterrevolutionär.

Zum zweiten Mal ging ich im Alter von 13 Jahren auf die Straße, auf eine Pro-Willy-Brandtostpolitik-Demo und das nur, weil die rührige SMV meiner Schule dafür gesorgt hatte, dass jeder Teilnehmer die letzten beiden Stunden legal ausfallen lassen konnte. Also versammelte ich mich auf dem Alten Markt in Bielefeld und sang: »Moskauer Verträge raddifizirn, Warschauer Verträge raddifizirn, Moskauer, Warschauer, Moskauer, Warschauer, beide Verträge raddifizirn.« Dieser rührend bürokratische Kampfgesang war überraschend wirkungsvoll, denn beide Verträge wurden kurz darauf raddifiziert. Für Salvator Allende habe ich später noch die Internationale gesungen und bei einer anderen Gelegenheit skandierte ich: »Buback, Ponto, Schleyer – der nächste ist ein Bayer.« Was ich aber damit sagen wollte und für oder gegen was ich mich einsetzte, habe ich vergessen.

Dann fuhr ich einmal auf verschlungenen Wegen nach Holland, um dort gegen die Atomkraft zu demonstrieren, aber ich weiß nicht mehr, was wir sangen und ich weiß auch nicht, ob wir irgendwas erreicht haben oder ob ganz Holland inzwischen atombetrieben ist.

Danach hatte ich fertigdemonstriert. Ich sang nur einmal mit 20.000 Gleichgesinnten: »Bielefeld-Superstar, Deutscher Meister Arminia.« Das war aber komplett gelogen. Um doch noch irgendwie ein Zeichen zu setzen und meine Solidarität zu demonstrieren kaufte ich mir eines Tages die Platte »Free Nelson Mandela« und drei Monate später war Nelson Mandela ein freier Mann.

Martin

Wir sind uns wahrscheinlich zum ersten Mal 1979 begegnet. Martin besuchte eine Freundin in der Bielefelder WG, in der ich damals lebte. Ein junger Mann mit langen roten Haaren und wachen, abenteuerlustigen Augen, denen nichts entging. Wir erregten uns damals über einen Nachbarn, der es gewagt hatte, in seinem Schrebergarten die Fahne des Freistaats Bayern zu hissen, eine ungeheure Provokation, wie wir fanden. Wir redeten und redeten, gingen irgendwann ins Bett und am nächsten Morgen lag ein Tuch mit blauweißen Rauten auf unserem Küchentisch. Martin hatte die Fahne in der Nacht kurzerhand eingeholt, das Problem aus der Welt geschafft und uns zu Maulhelden degradiert. Im Dezember war Martin wieder zu Gast und bewunderte einen überlebensgroßen, aufblasbaren Weihnachtsmann in unserer WG-Küche, dem wir an einer Tankstelle in einem unbeobachteten Moment eine Mitfahrgelegenheit geboten hatten. Eine gehörige Portion Sand in den Füßen verhalf ihm zu einer gewissen Standfestigkeit. Wir überlegten, was wir mit dem Monstrum anfangen könnten, und dann entstand die Idee, ein Zeichen gegen den Konsumrausch und die ganze Verlogenheit des Weihnachtsfestes zu setzen: Der Weihnachtsmann sollte Selbstmord begehen, weil er das alles nicht mehr aushielt. Das fanden wir komisch und entlarvend und wir hätten uns wohl allein an der Idee berauscht, allerdings saß auch Martin mit am WG- Küchentisch und das führte dazu, dass ich am nächsten Abend mit ihm auf dem Dach des Karstadt-Kaufhauses in Bielefeld stand und zwischen uns der riesige luft- und sandgefüllte Weihnachtsmann. Wie wir das Ding in den Aufzug gequetscht hatten und wie wir es geschafft haben, aufs Dach zu kommen, weiß ich nicht mehr. Ich ging hinten und Martin vorne. Wir blickten in die Tiefe, wo in der dicht bevölker-

ten Einkaufszone unsere Komplizen standen und hektische Zeichen gaben.
Wir führten den Weihnachtsmann bis zur Dachkante und dann sprang er, landete auf dem Vordach von Karstadt, wo die Luft aus ihm entwich. Es gelang uns, ungesehen zu entkommen und noch jede Menge Anklageschriften zu verteilen, in denen der Weihnachtsmann die Gier und Gefühllosigkeit der Menschen und den Kapitalismus allgemein für seinen Selbstmord verantwortlich machte. Die Lokalpresse sprach von einem geschmacklosen Scherz. Ohne Martin würde der Weihnachtsmann wohl heute noch leben, es war seine unbändige Lust an der Aktion und der Provokation, die ihn und uns aufs Karstadtdach getrieben hatten.
Kurz darauf rief er aus Berlin an und bat mich, einige Auftritte für die Gruppe »Fliegenpilz« klarzumachen, mit der er auf Tournee war. Er spielte in dem Folk-Rock-Ensemble Mundharmonika, was mich überraschte, denn ich hatte ihn noch nie mit diesem oder irgendeinem Instrument in Verbindung gebracht. Während wir die Details besprachen, erzählte ich ihm, dass wir in der WG gerade Ärger mit Kakerlaken hätten. Das sei überhaupt kein Problem, erklärte Martin, zwei der Bandmitglieder seien Kammerjäger. Der von Martin kunstvoll bemalte Bandbus parkte vor unserem Haus, die Kammerjäger taten ihre Arbeit und am Abend machten sie Musik. Martin hatte nur zwei kurze, aber äußerst eindrückliche Einsätze, er war alles andere als ein Virtuose auf seinem Instrument, aber er besaß eine genaue Vorstellung davon, wie ein Mundharmonikaspieler auszusehen und aufzutreten hatte, jede Faser seines Körpers schien durchdrungen von dieser Vision und so wirkte er an diesem Abend überzeugender als die anderen Musiker, die ihre Instrumente tatsächlich beherrschten.
Es war undenkbar, dass man Martin einfach nur so besuchte, um zu reden, es geschah immer etwas. Kaum hatte

man beispielsweise das Café Barrikade im Wedding betreten, wurde man gebeten, ein Flugblatt gegen einen Bausenator zu verfassen, den man gar nicht kannte und dann klingelte das Telefon und wir mussten zu einer spontanen Demo zum Nolli oder zum Stutti, so genau weiß ich das nicht mehr. Wir befanden uns wohl am Ende der Telefonkette, jedenfalls herrschte eine merkwürdige Stille, als wir aus dem U-Bahn-Schacht stiegen. Wir blickten nach rechts und sahen in sehr weiter Entfernung unsere Mit-Demonstranten. Dann sahen wir von links eine Hundertschaft Polizisten auf uns zukommen, sie trommelten mit den Schlagstöcken auf ihre Schilde und sahen aus, als würden sie keine Gefangenen machen. Zu meinem Schrecken schien Martin ernsthaft zu erwägen, sich der Übermacht entgegenzustellen, doch dann schüttelte er bedauernd den Kopf und sagte ganz ruhig: »Hans, wir müssen rennen.« Und das taten wir dann für die nächsten 30 Minuten. Das war eigentlich das einzige Mal, dass ich ihn vor etwas weglaufen sah.

Von allen meinen Freunden hätte ich bei Martin am wenigsten erwartet, dass er mal sterben könnte, ich habe eigentlich überhaupt nicht damit gerechnet. Er wirkte immer energetisch aufgeladen, war voller Pläne und Ideen, er stand ständig unter Strom, aber in einer guten Art. Es wirkte auf mich unangestrengt, geradezu entspannt, wie er mehrere Leben gleichzeitig führte. Wäre er eine literarische Figur gewesen, dann hätte man ihn für unglaubwürdig empfunden, man hätte gesagt, so viele Facetten kann ein Mensch gar nicht in sich vereinigen, das müsste man auf mehrere Charaktere verteilen. Aber Martin hat wirklich gelebt und er hat jede Herausforderung angenommen, er hat keinen Kampf verloren gegeben. Sein Optimismus war unerschütterlich, seine Kraft anscheinend unerschöpflich. In seiner Anwesenheit schien immer alles möglich. Jetzt müssen wir die Bayernfahnen selber einholen und die Weihnachtsmänner eigenhändig vom

Kaufhausdach werfen. Martins unfassbare Energie ist auf einmal freigesetzt und steht nun uns allen zur Verfügung. Wir sollten reichlich von ihr Gebrauch machen, Martin würde das gut gefallen.

Betrunken Fahrradfahren ist ein Menschenrecht

Der ADAC und der Automobilclub von Europa verlangen, dass die Promillegrenze für Fahrradfahrer gesenkt wird. Da fragt man sich natürlich, seit wann entscheiden eigentlich Automobil-Lobbyisten, in welchem Aggregatzustand wir Fahrrad fahren sollen? Gegenwärtig darf man noch ungestraft mit immerhin 1,6 Promille herumradeln, doch damit soll bald Schluss sein. Ich aber fordere: Erhöht die Promillegrenze oder besser noch, hebt sie endgültig auf! Betrunken Fahrradfahren ist ein Menschenrecht und wer dieses Recht in Anspruch nimmt, darf nicht noch bestraft werden. Der Mensch ist das einzige Wesen im Weltall, das alkoholisiert Fahrradfahren kann, ja, ich würde sogar sagen, das alkoholisiert Fahrradfahren muss. Ich bin in meinem Leben schon sehr oft betrunken Fahrrad gefahren, ich habe es gerne getan und würde es immer wieder tun. Denn erst der Alkohol verleiht meinem Fahrstil eine Eleganz, die mir nüchtern oft abgeht. Ich bin für harte Strafen, wenn man ohne Beleuchtung radelt, das ist grob fahrlässig, wer dagegen einen Helm aufzieht, soll nicht bestraft werden, denn er ist durch den Helm schon genug entstellt. Null Promille im Auto ist selbstverständlich, denn beim Auto handelt es sich um eine tödliche Waffe, die nur von nüchternen Schützen bedient werden sollte. Null Promille auch auf dem E-Bike, denn das kann sich in der Hand eines betrunkenen pensionierten Studienrats zu einem unkontrollierbaren Geschoss entwickeln. Aber auf dem stromlosen, nur durch Muskel- und Willenskraft betriebenen Rad, da dürfen keine Promillegrenzen gelten.

Eine ganz aktuelle Studie des Verkehrssicherheitsrats kommt zu dem Ergebnis, dass man mit 1,6 Promille durchaus fahrradfahrtüchtig ist.
Ein durchschnittlicher Mann muss neun kleine Biere trinken, um auf den Wert von 1,6 Promille zu kommen. Wie schnell sind an einem geselligen Abend neun kleine Biere verzehrt? Vor allem, wenn man stattdessen neun große genommen hat. Soll man demnächst etwa immer mitzählen? Was kommt denn jetzt noch? Die Wegfahrsperre für Radfahrer? Muss man vor Fahrtantritt in das Ventil des Vorderreifens blasen und wenn man zu viel getrunken hat, verfärbt sich das Rücklicht blau?
Ein Sprecher des Deutschen Anwaltvereins erklärte: »Wer alkoholisiert fährt, gefährdet in der Regel nur sich selber.«. Das kann ich bestätigen. Vor drei Jahren kredenzte mir ein Freund mehrere Weine, die »unbedingt weg müssten«, wie er sich ausdrückte. Dazu hörten wir Musik aus verschiedenen Anbaugebieten. Beim Abspielen des Weißen Albums der Beatles gab sein CD-Player den Geist auf und ich musste mit der Lebensgefährtin des Freundes das gesamte Album selber singen. Das gelang uns so vorzüglich, dass wir das Ganze wiederholten. Wir bewältigten sogar mühelos das Experimental-Hörspiel Revolution No. 9. Kurz vor Mitternacht bemerkte ich, dass keiner mehr mitsang und ich verabschiedete mich. Zu meiner Überraschung war die Zeit draußen schneller vergangen, der Morgen dämmerte bereits, ich setze mich auf mein Fahrrad, fuhr etwa 50 Meter, dann stürzte ich so geschickt, dass ich wie in Zeitlupe mit dem halben Gesicht auf dem Bürgersteig aufschlug, und zwar so, dass meine Nase genau an der Bordsteinkante vorbeiglitt, versuchen Sie einfach, sich das vorzustellen, nüchtern kann man das eigentlich kaum beschreiben. Jedenfalls war meine Gleitsichtbrille hinüber, ein Schaden von mehr als tausend Euro.

Ich hatte nicht nur mich gefährdet, sondern auch meine Ersparnisse, aber sonst war niemand verletzt worden. Dieses Beispiel möge allen als Warnung dienen, beim Trinken niemals teure Brillen aufzusetzen. Das müsste man wirklich mal gesetzlich regeln, es sollte Billigbrillenausgabestellen geben, an denen man sich vor einer Trunkenheitsfahrt mit Sehhilfen versorgen kann. Aber das nur nebenbei.
Man hat uns die Zigarette, die Glühbirne, die D-Mark und den 1600 Watt-Staubsauger genommen und demnächst müssen wir auch noch den zweischlitzigen Toaster beim Energiekommissar abliefern.
Wie sollen wir denn aus dieser überreglementierten Gesellschaft fliehen? Das geht doch nur noch betrunken auf dem Fahrrad. Und was unterscheidet den Angehörigen der westlichen Wertegesellschaft vom Islamisten? Die Fähigkeit, ja, der feste Wille, betrunken Fahrrad zu fahren! Wem das noch nicht einleuchtet, der sollte sich folgende Zahlen vor Augen halten: weniger als fünf Prozent aller an einem Unfall beteiligten Fahrradfahrer sind alkoholisiert, über 95 Prozent sind nüchtern, der nüchterne Radfahrer ist also fast zwanzigmal so gefährlich wie der betrunkene!

Konzentrationsstörungen

In meinem Bekanntenkreis beneidet man mich, weil ich zuhause arbeiten kann und ich würde auch wirklich gerne mal damit anfangen, aber erst mal muss ich jeden Morgen den Paketboten abwarten, der bei mir die Sendungen für alle Nachbarn im Umkreis von zwei Kilometern abgibt.
Aus Verantwortungsbewusstsein und wegen der sozialen Kontrolle stapele ich die mir anvertrauten Pakete nicht einfach nur im Flur, sondern sehe sie mir erst mal genauer an. Daher weiß ich, dass der immer grundlos lächelnde Mann von gegenüber »Die Sonne«, das Zentralorgan des

Deutschen Vereins für Freikörperkultur, abonniert hat und die alleinstehende pensionierte Kunstlehrerin zwei Häuser weiter sich fast täglich ein Paket von der Firma Manufactum schicken lässt. Wahrscheinlich arbeitet sie an einem Objekt aus Bakelit-Telefonen. Im Laufe des Tages muss ich dann die Empfänger abpassen und ihnen ihre Pakete überreichen.

Nachdem der Paketbote mir meine Aufträge erteilt hat, steht manchmal ein Mann mit einem länglichen Koffer vor der Tür, fragt erst nach »der Dame des Hauses«, und als ihm klar wird, dass ich das bin, will er wissen, ob ich »die Produkte der Firma Vorwerk« kenne. Dabei wedelt er mit einer kleinen Tüte vor meiner Nase herum. Ich kenne die Produkte der Firma Vorwerk nicht, sage aber trotzdem »ja«. Denn der Vorwerkmann würde niemals insistieren: »Na, dann zählen Sie mir mal wenigstens drei davon auf.«

Der Mann mit dem Koffer ist nicht nur ein Staubsaugervertreter, er sieht auch aus wie ein Staubsaugervertreter. Eine Gattung, die eigentlich schon ausgestorben sein, die längst auf der Roten Liste stehen müsste, gleich hinter Pandabär und Sumatranashorn. Wenn ein Pandabär bei mir klingeln würde, ließe ich den natürlich sofort rein und würde ihm auch einen Staubsauger abkaufen, wenn er einen dabeihätte. Den Vorwerkmann lasse ich nicht rein, weil ich aus einer Fernsehreportage weiß, dass er dann sofort den Inhalt seiner Tüte auf meinem Teppich ausschüttet.

Dabei handelt es sich um eine Art Spezialdreck, den nur ein Gerät der Firma Vorwerk aufsaugen kann, das er zweckmäßigerweise in dem länglichen Koffer versteckt hält. Die Zusammensetzung dieses Drecks ist komplizierter als die menschliche DNA, enthält von Asche, Lehm, Pyramidenresten und schwach strahlendem Plutonium jede Art von Dreck aus den letzten 3000 Jahren Zivilisationsgeschichte, und der Vorwerksauger hat für jeden

Dreck eine Spezialdüse. Es wäre also ein fataler Fehler, diesen Panda ins Haus zu lassen. Mir bliebe nach der beeindruckenden Vorführung ja gar nichts anderes übrig, als den Staubsauger zu kaufen.

Immer seltener erscheinen zum Glück gehetzt wirkende junge Menschen, die fragen, ob ich »etwas gegen ehemalige Straftäter« hätte. Darauf antworte ich für gewöhnlich wie aus der Pistole geschossen mit »ja«, denn ich will weder den Stern noch den Spiegel abonnieren.

Etwas anders verhält es sich bei den derb gekleideten Menschen mit abenteuerlich speckigen Cordhüten auf dem Kopf, die mir einen Apfelschnitz entgegenhalten und erklären, sie wären gerade mit Obst aus dem »Alten Land« unterwegs. Sie lächeln verschwörerisch, als sei das eine ungeheure Sensation, dass sie ausgerechnet dieses Obst jetzt, in diesem Moment, dabeihätten.

Das »Alte Land« scheint eine verfluchte Gegend in Mittelerde zu sein, die von bösartigen Trollen und Zauberern bewacht wird. Diesen Dämonen haben die fahrenden Händler das Obst unter Lebensgefahr entrissen und stehen nun vor meiner Tür, um es mir anzubieten. Leider weiß ich, dass dieses sogenannte Alte Land nicht in Mittelerde liegt, sondern das größte zusammenhängende Obstanbaugebiet Deutschlands ist. In jedem Supermarkt kann man solches Obst kaufen, allerdings nicht von fahrenden Obsthändlern mit Cordhüten. Deshalb bin ich nicht abgeneigt, vor allem wenn dann noch meine Tochter, die gerade aus der Schule gekommen ist, neben mir steht und sagt: »Wir brauchen doch Äpfel.« Allerdings keine 50 Kilo, denn weniger dürfen die Cordhüte nicht hergeben, sonst würden sie auf der Stelle zu Stein. Schweren Herzens lasse ich sie ziehen.

Solange noch kein Schnee liegt, muss man täglich mit dem Besuch des Einbeinigen rechnen. Als der Einbeinige zum ersten Mal klingelte, stand er einfach nur da, sagte gar nichts und ich griff sofort zum Portemonnaie. Einbeinige kannte ich aus meiner Kindheit, sie saßen vor den Kaufhäusern auf einer Decke, hatten einen Hut neben sich aufgestellt und warteten auf Spenden. Das waren Kriegsversehrte. Ich hatte nie einen Einbeinigen gesehen, der einer normalen Arbeit nachging.

Mein Einbeiniger strahlt eine natürliche Autorität aus, sein Anliegen ist klar, er treibt die Beinabgabe ein, die wir Zweibeinigen ihm schuldig sind, da habe ich überhaupt keinen Zweifel. Manchmal zeigt er sich gesprächiger, dann zieht er Fotos von seiner Familie aus dem verfleckten Jackett, man sieht ihn an einem Klavier sitzen und lachen. Ob er da noch zwei Beine hat, ist nicht zu erkennen. Ich habe ihn nie gefragt, wie er das Bein verloren hat. Sollte es im Krieg passiert sein, muss ich den wohl verpasst haben.

Einmal schenkte ich ihm ein Hemd, weil seins einen großen Riss hatte. Er zog es sofort an und dabei fiel ihm ein Handy aus der Jackentasche. Das machte mich stutzig, auf einmal schien mir der Einbeinige nicht nur bedürftig, sondern auch zwielichtig, ja geradezu dämonisch. Ich stellte mir vor, wie der Einbeinige Patrouille durch unser Viertel geht und sich genau notiert, wer in Urlaub ist, oder wo was zu holen wäre. Vielleicht hat er in seinen Krücken eine Videokamera eingebaut. Dann ruft er sofort irgendwelche Kumpels an, und die räumen noch am selben Abend die Häuser leer. Vor allem, die Häuser von Leuten, die dem Einbeinigen kein Geld geben, sondern Obst aus dem Alten Land, wie die Kunstlehrerin, die sich natürlich nicht zu wundern braucht, wenn die Truppen des Einbeinigen ihre Stereoanlage und ihren Camcorder einkassieren. Seit ich das Handy sah, gebe ich reichlicher, aber auch freudiger.

Ich erspare mir bestimmt viel Ärger. Das Handy des Einbeinigen sah übrigens genauso aus wie Handys von Zweibeinigen. Das enttäuschte mich ein wenig, ich hätte gedacht, es gibt da so Spezialanfertigungen, etwa

Handys mit Riesenantenne, die man als Gehhilfe nutzen kann.

Natürlich tauchen auch die zwei notorischen Damen auf, die mich fragen, ob sie mir etwas über »denjenigen« erzählen dürfen, »der für den Frieden in der ganzen Welt sorgt«, aber ich will nichts über den amerikanischen Präsidenten hören, schon gar nicht von zwei Zeugen Jehovas.

Nicht alle klingeln an der Tür, um mich von der Arbeit abzuhalten. Manche benutzen auch das Telefon. Mindestens einmal die Woche erhalte ich einen Anruf von Frau Askona oder ihren Kolleginnen »vom Blindenwerk«. Mit leidender Stimme fragt sie mich, ob ich wohl etwas zu tun hätte, »für unsere Blinden«. Es sei Sommer oder Ferienzeit, jedenfalls habe man »kaum Arbeit«, und auch »eine Kleinigkeit« würde schon helfen. Ein Besen-Set beispielsweise, da wären die Blinden eine Woche beschäftigt, oder ein Saunatuch. Ich hätte doch schon öfters geholfen ... «

Das stimmt, ich habe schon mehrere Besen und drei verschiedene Saunatücher, das Stück für 25 Euro plus Versandgebühren. Ich weiß nicht mal, ob es dieses Blindenwerk überhaupt gibt, vielleicht kann man es gar nicht sehen, aber mich rührt die Vorstellung von Menschen, die gerne arbeiten wollen, aber nicht können. Ein Besen, eine Kehrschaufel und ein Handfeger würden das ganze Blindenwerk auf Trab halten.

Ich versuche mir vorzustellen, was da passiert. Meine Bestellung geht ein, sie wird vor der gesamten Belegschaft unter Hochrufen verlesen. »Ah, ein Besen-Set, da haben wir bestimmt eine Woche zu tun, ja, wenn nicht sogar sieben Tage.« Und dann laufen alle durcheinander, stoßen zusammen, tasten herum und versuchen die Materialien für den Besen in den endlosen Regalen zu finden. Den Stiel, die Borsten, die Kehrschaufel und erst den Handfeger. Und dann muss alles verpackt werden und meine Anschrift soll auch noch zu lesen sein. Das kann schon mal eine Woche dauern. Und wie finden die das blaue

Saunatuch, das ich bestellt habe? Fühlt sich das anders an als das rote? Jedesmal, wenn die leidende Stimme von Frau Askona am anderen Ende der Leitung ertönt, sehe ich das Drama vor mir und ich stelle mir auch vor, wie die ganze Belegschaft vom Blindenwerk um Frau Askona versammelt ist, denn sie hat das Telefon auf laut gestellt. Wenn ich jetzt nein sage, dann kollabieren sie. Und was wäre schon so schlimm daran, wenn ich den zehnten Besen bestelle?

Manchmal bringe ich es fertig, sie auf Mitte nächsten Monats zu vertrösten. Die Blinden brechen zusammen, bis Mitte des nächsten Monats müssen sie sich von Besenborsten ernähren oder Kehrschaufeln. Ich hasse diese Anrufe, sie bringen meinen ganzen Tag durcheinander. An Schreiben ist jetzt nicht mehr zu denken, ich mache dann meistens sauber. Besen sind ja genug da.

Einsam ist es hier draußen wirklich nicht. Ich lerne viele erstaunliche Menschen kennen, die es alle nur auf meine Zeit und mein Geld abgesehen haben. Ich habe den Verdacht, sie arbeiten alle zusammen, möglicherweise koordiniert der Einbeinige die Einsätze. Was ist ihr Plan? Wollen sie die Menschheit davor bewahren, dass ich weiterschreibe?

Eines Tages, da bin ich mir ziemlich sicher, wird es klingeln und ein Besucher steht vor der Tür, den ich noch nie in unserem Viertel gesehen habe. Ein Mann, der auf den ersten Blick wie ein Vertreter für landwirtschaftliche Geräte aussieht. Ich sage noch: »Danke, aber ich brauche keine Sense«, da hat er mich auch schon beim Wickel und ich bin tot.

Leseschwäche

Zwei- bis dreimal im Jahr lese ich in Hotels. Das tun viele Menschen, aber ich bin vertraglich verpflichtet worden, anderen Gästen etwas vorzulesen. Diese Gäste haben das Hotel extra nur wegen mir ausgewählt, sie haben sich gedacht, einmal Zippert hören und sich vorher noch ein wenig bräunen oder eine ayurvedische Massage verpassen lassen, das wäre doch großartig. Manchmal schaffen sie auch noch das Abendessen und zwei Saunagänge, bevor sie dann beglückt im »Piano-Saal«, im »Kamin-Zimmer« oder in der »Alpen-Lounge« sitzen und mir aufmerksam zuhören. Die Wirklichkeit sieht etwas anders aus. Niemand bucht ein Hotel, weil dort Hans Zippert auftritt. In repräsentativen Umfragen würden sich wohl 99,99% der Befragten dafür entscheiden, ihren Urlaub in einem Hotel zu verbringen, in dem ich nicht auftrete. Das ist die Wahrheit. Genauso, wie kaum jemand Kurt Beck direkt zum Kanzler wählen würde. Aber man kann genauso wenig den Kanzler direkt wählen wie man unbedingt ausschließen darf, dass ich plötzlich in dem Hotel auftauche, in dem man gerade Urlaub macht. Man kann also nicht sagen, ich sei der Kurt Beck der Vorlesekultur, das wäre eine bösartige Unterstellung, da es mir auch an Bartwuchs mangelt.

Mein Honorar besteht aus kostenlosem Aufenthalt, plus Halbpension für zwei Personen. Die zweite Person ist mal die Ehefrau und mal die Mutter und manchmal findet sich auch keine zweite Person, dann spart der Hotelier ein paar Mahlzeiten. Auch sonst ist alles auf das Schönste geregelt. Nichtalkoholische Getränke zum Essen sind inbegriffen, Minibar und Alkohol bezahlt der Künstler. Nur in Konstanz waren auch Weine der Region Teil der Gage. Und selbstverständlich habe ich noch nie in meinem Leben derartig viel Bodenseewein verkostet wie damals im Steigenberger-Hotel in Konstanz. Es hätte noch mehr sein können, aber ausgerechnet da war meine Mutter dabei und die beobachtet mich immer sehr misstrauisch, weil sie befürchtet, ich könnte Alkoholiker sein. Sie kennt mich einfach zu lange, ich kann ihr nicht klar machen, dass zwei Weinflaschen der Region zum Abendessen nun wirklich nichts mit Alkoholismus zu tun haben und eigentlich versuche ich ja nur, meine Gage durch entschlossenen Weinkonsum zu erhöhen.

Eine außergewöhnliche Auftrittssituation, eine Extremauftrittssituation. Man lebt mit seinem Publikum bis zu einer Woche zusammen. Man begegnet seinen Zuhörern im Bademantel, in der Badehose und in der Sauna sogar nackt. Das Publikum sieht, was man isst, trinkt und wie man sich mit seiner Frau verträgt. Man wartet minutenlang vor dem Aufzug mit potentiellen Zuhörern, während man krampfhaft versucht, drei Schinkenbrötchen, ein Käsebrot, vier Äpfel, eine Banane und einen Muffin zu verbergen, die man unauffällig vom Frühstücksbuffet mitgenommen hatte, um aus der Halb- eine Vollpension zu machen. Man wandert mit ihnen zusammen, besichtigt die gleichen Innenstädte und streitet sich mit ihnen um den einzigen Internetzugang. Man begegnet Menschen im Aufzug, die am Abend zuvor mitten in der Lesung aufgestanden sind und mit einem verächtlichen Blick den Saal verlassen haben. Man trifft in der Hotelhalle den Herren, der einem sechzig Minuten mit versteinerter Miene zugehört und anschließend das Buch kaufte, aus dem ich gar nicht vorgelesen hatte. So, als hoffte er, dass wenigstens da etwas Gutes drin stehen könnte.

Der Nachbar auf der Sonnenliege erzählt, wie ihm in Stalingrad die Kugeln um die Ohren pfiffen und wie er anschließend »drei Monate« für den Russen arbeiten musste. Er sagt das in einem Ton, der einem klar macht, dass das, was man ihm vorgelesen hat, dagegen ziemlich dürftig ist. Plötzlich setzt sich eine 80-jährige Dame an den Frühstückstisch und erzählt, wie der Wind in die Badehose des

Mannes gefahren sei, als sie auf der Wäscheleine hing und wie die sich mächtig aufgebläht habe, obwohl nichts drin war außer Luft. Da habe sie gleich gedacht, das wäre doch bestimmt eine Anregung für mich. Bis heute weiß ich noch nicht, was ich aus der Idee machen werde, eine Novelle (Windhosentag), ein Theaterstück (Der Wind in den Weichteilen), einen Roman (Vom Winde verweht) oder ein Musical (Das Phantom der Windhose).
Da, wie schon erwähnt, niemand wegen mir das Hotel gebucht hat, kann es sein, dass auch niemand wegen mir zur Lesung kommt. In Heringsdorf saß ich mit drei Gästen und dem Hoteldirektor im Kaminzimmer und schwitzte meine Oberbekleidung durch, weil das Publikum keine Miene verzog. Ich fühlte geradezu schmerzhaft den großen Mangel in meinem Werkkatalog. Ich habe ausschließlich Texte verfasst, über die man lachen könnte, wenn man wollte, aber keinen einzigen, der Menschen zum Nachdenken anregt. Das hat mich sehr nachdenklich gemacht. In Arosa kommen jeden Abend mehr Zuhörer und die meisten waren Schweizer. Einer sagte mir nach der Lesung, das habe er »von einem Deutschen nicht erwartet«. Ich fragte lieber nicht nach, wie das gemeint war.

Würden Sie an einer Tortengrafik teilnehmen?

Umfrage unter 15000 zufällig ausgewählten Teilnehmern
Juni/2024

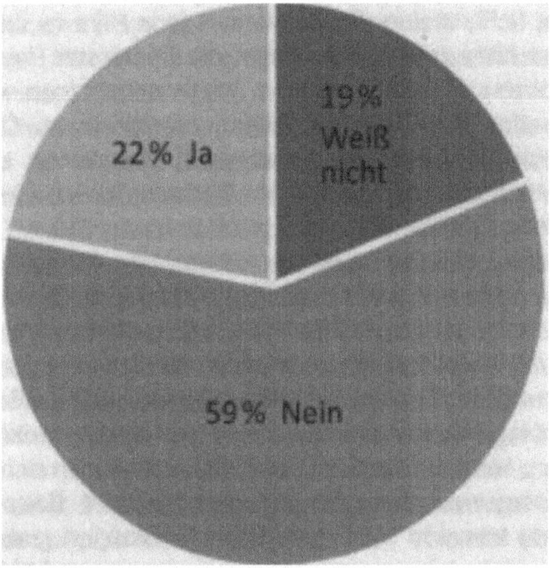

Anteil von Idioten, die immer dann unterwegs sind, wenn man es eilig hat

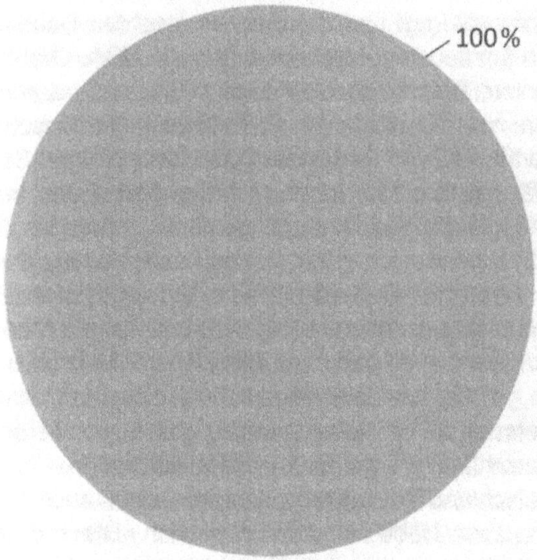

Erektile Dysfunktion

Man liest und hört es fast täglich. Frauen wünschen sich einen Partner, der zuhören kann, gepflegte Hände hat, und er muss auch gut im Bett sein. Wenn ich so etwas lese, werde ich immer ganz traurig, denn ich bin nicht besonders gut im Bett. Das war ich eigentlich noch nie. Man hat mir schon geraten, zum Psychiater zu gehen, aber ich denke, das ist eher ein genetisches Problem: Auch meine Mutter ist nicht besonders gut im Bett.

Ich weiß nicht, woran es liegt, aber mich macht schon der Gedanke ans Bett nervös. Es gibt so viele mögliche Stellungen. Ich begreife nie, wie ich mich legen soll. Liege ich auf dem linken Arm, schläft mein linker Arm ein, liege ich auf dem rechten Arm, schläft der rechte Arm ein, liege ich auf dem Bauch oder Rücken, schlafe ich nicht ein. Und wohin mit dem Kopf? Ich weiß es bis heute nicht. Im häuslichen Bett liegen beispielsweise dutzende potenzielle Kopfablagestätten bereit: eine Nackenrolle, ein Dinkelspreukissen, ein Kappokkissen, ein altes Daunenkissen, das wahrscheinlich komplett mit Milben gefüllt ist, die mich seit Jahren kennen, und ein sehr großes Schaumstoffkissen, das bei uns lange Zeit nur »das Sitzkissen« hieß. Inzwischen gibt es noch ein weiteres, etwas kleineres großes Kissen, das ebenfalls eine Schaumstofffüllung hat, aber einen geschmackvolleren Bezug. Das gilt jetzt als das »richtige« und wird nur noch »das Sitzkissen« genannt, während das andere, das sogenannte »alte Sitzkissen«, nicht gerne im Bett geduldet wird.

Neben den Kissen gibt es noch diverse Oberbetten, die Namen wie »die dicke Winterdecke« oder »die Decke von deiner Mutter« tragen. Ich kann sie alle nicht voneinander unterscheiden, weil sie ja mit einem Bezug umhüllt sind, und es kommt regelmäßig zu unschönen Szenen, wenn ich mir versehentlich die dicke Winterdecke genommen

habe und auch noch mit dem alten Sitzkissen im Rücken ein Buch lese.
Unser Bett ist außerdem an Kopf- und Fußende verstellbar, womit man wirklich die absonderlichsten Positionen einnehmen kann. Beispielsweise das Dinkelspreukissen unter die erhöht lagernden Beine geschoben und die Decke von meiner Mutter über den Kopf gezogen, der auf der Nackenrolle ruht, während man sich das Kappokkissen auf den Bauch gelegt hat.
Es sind Hunderte von Schlafstellungen möglich, und jeden Abend erhebt sich außerdem die Frage: Was liest man dazu? Also über welchem Buch möchte man in welcher Stellung einschlafen? Ich habe etwa 50 verschiedene Bücher in zwei Stapeln neben dem Bett gelagert, entscheide mich aber meistens für das oberste. Einmal habe ich versucht, ein Buch zu lesen, das auch wirklich zu Kissen, Decke und Körperposition gepasst hätte, das natürlich relativ weit unten im Stapel lag. Ich war aber schon zu müde, um alles wieder aufzuheben und neu zu stapeln, und am nächsten Morgen stolperte ich über die antiquarische Biografie von Alfred Brehm und riss im Fallen das Bügelbrett um, das eine unschöne Delle im Kleiderschrank hinterließ.
Zu meinem Leidwesen verfügt das Bett, in dem ich die meisten meiner Nächte verbringe, auch noch über eine Art Lehne am Kopfende, die sich irgendwie und mit einem angeblich ganz einfachen Handgriff schräg stellen lässt. Das sei dann, so wird mir immer wieder erklärt, »die Lesestellung«. Ich frage mich nur, wer in dieser Stellung und ohne »das alte Sitzkissen« lesen soll? Ich rutsche da jedenfalls immer ab.
Ich bin wirklich nicht gut im Bett, ich bin ein totaler Versager. Das Bett ist ein Ort voller heimtückischer Fallen. Es heißt ja auch, man liegt »im Bett«, aber »auf dem Sofa«. Da, auf dem Sofa übt man Kontrolle und Herrschaft aus. Dem Bett ist man ausgeliefert, man liegt drin und kann

nur hoffen, dass alles gut geht. Auf mein Sofa lege ich mich dagegen völlig entspannt, schmiege meinen Körper an die Sofarückwand und stemme die Füße gegen die geflochtenen Seitenlehnen. Das Sofa ist zu kurz, um meinen Körper komplett ausgestreckt aufzunehmen, ich stoße überall auf Widerstand und habe damit sofort meine Idealposition gefunden. Da schlafe ich umgehend und problemlos ein.

Schreibschwäche

Wann immer ich das Haus verlasse, und sei es auch nur, um im Supermarkt einzukaufen, nehme ich Schreibzeug mit, denn es könnte mir ja etwas Notierenswertes zustoßen. Lange Jahre schrieb ich in ein Quartheft, auf dem vorne »Rusisch Wokabeln« stand. Das hatte mein Sohn in der Waldorfschule geschrieben, bevor er doch lieber erst deutsch lernte. Zwischendurch verwendete ich auch mal ein rotes Büchlein mit der Aufschrift »Sparkasse Bielefeld« abwechselnd mit einem Kalender vom »Gewürzhaus Alsbach«.

Manchmal finde ich das entsprechende Heft auch nicht schnell genug und dann greife ich zu kleinen Blöcken auf denen »Opus Hotel Vancouver« oder »Pension Hirschgarten« steht. Man kann diese Blöcke nur abreißen, aber nicht umblättern, was die spätere Archivierung schwierig macht. Zuhause entpuppen sich viele Aufzeichnungen als eher banal. Auf der ersten Seite eines Hotel-Blocks, der mich nach Paris begleitete, fand ich den Satz: »Eiffelturm – erstaunlich hoch« sowie »Louvre, lange Schlange am Eingang«. Ich kann nur hoffen, dass das die Einleitung zu einer unglaublich tiefsinnigen Assoziationskette sein sollte, leider habe ich keine weiteren Gedanken zu diesen Themen notiert, wahrscheinlich hatte ich keine besseren.

Eine mitfühlende Seele aus meiner eigenen Familie konnte dieses Elend nicht mehr länger mitansehen und schenkte mir zu Weihnachten ein kleines, sehr robustes schwarzes Büchlein, das mit einem Gummizug verschließbar ist. Es stammt aus Italien, hat ein Lesebändchen und nennt sich »Moleskine«. Es passt ganz hervorragend in jede Jacke und wird wohl auch nach jahrelangem auf- und zuklappen nicht auseinanderfallen. Dem Notizbuch lag ein Faltblatt bei, das mich informierte: »Moleskine ist das legendäre Notizbuch der europäischen Künstler der letzten zwei Jahrhunderte: von van Gogh bis zu Henri Matisse von der Avantgarde bis zu Hemingway.« Ich wusste ehrlich gesagt nicht, dass die sich alle ein einziges Notizbuch teilten, und ich wusste auch nicht, dass es eine Schriftstellerin namens Avantgarde gab. Eins aber wusste ich leider ganz genau, das Schreiben in diesem legendären Notizbuch würde mir Schwierigkeiten bereiten. Denn »dieser treue Reisebegleiter im Taschenformat bewahrte Skizzen, Notizen und Geschichten, bevor sie zu berühmten Bildern oder zu Seiten eines geliebten Buches wurden«. Man wird kaum wirkungsvollere Worte finden, um einen schreibenden Menschen einzuschüchtern. Falls jemand scharf auf eine Schreibblockade ist, hier kann er sich infizieren. Dass ein Topreiseschriftsteller wie Bruce Chatwin dieses Buch liebte, kann man sich ja denken. Er nummerierte sogar die Seiten, trug zwei verschiedene Adressen ein und versprach »adäquaten Finderlohn«. Warum nummeriert einer die Seiten eines Notizbuchs, ist das nicht ein wenig affig? Und sind zwei Adressen nicht noch viel affiger? Bruce Chatwin lebte vom Erleben, was ihm auffiel, musste er notieren, er liebte das Notizbuch, das er immer in Paris kaufte, und als er es dort nicht mehr bekam, erwarb er die Restbestände, nummerierte wochenlang alle Seiten durch und schrieb überall zwei Adressen rein. Trotz des Großeinkaufs machte der letzte Notizbuchbauer in Tours pleite und Bruce Chatwin verstarb früh, weil er keine Notizbücher mehr hatte. Nach langer Pause, in der Hemingway, van Gogh und die Avantgarde ihre Ideen auf Bierdeckeln, Wäschereiquittungen und Briefmarken festhalten mussten, fand sich ein mutiger italienischer Hersteller, der das schwarze Notizbuch wieder auflegte. Vorne ist Platz für zwei Adressen, und für den Fall des Verlustes kann man auch die Höhe der Belohnung eintragen.

Trotz des psychologischen Drucks, den das Moleskine bei sensiblen Naturen erzeugt, handelt es sich dennoch um ein sehr schönes Geschenk. Auch ohne jemals ein Wort hineingeschrieben zu haben, ist es ein großartiges Gefühl, dieses Buch zu besitzen und einen Schreibtisch mit ihm zu teilen. Falls einem wirklich mal etwas Gutes einfallen würde, hätte man schon mal den passenden Rahmen, um die Ideen zu fixieren. Und bis dieser unwahrscheinliche Fall eintritt, erfreut man sich einfach am edlen und durchaus einladenden Anblick des Moleskine. Besonders eindrucksvoll sieht es aus, wenn man sich dreißig Stück ins Regal stellt und auf Nachfragen erklärt: »Meine Reisenotizen«.

Es gibt das Buch in verschiedenen Ausführungen, mit Kästchen oder gänzlich unliniert, aber es hat in jeder Gestalt und Größe eine abschreckende Wirkung auf seinen Besitzer, es sei denn man hieße Hemingway. Dann könnte man natürlich sofort loslegen: »Es war jetzt dunkel, wie es im September, wenn die Sonne untergegangen ist, schnell dunkel wird. Er lag gegen das abgenutzte Holz des Bugs und ruhte sich aus, so gut er konnte ...«, und keine fünf Notizbücher weiter hätte man »Der alte Mann und das Meer« fertig. Ich habe das Moleskine wochenlang mit mir herumgetragen, ohne dass ich eine einzige Zeile hineingeschrieben hätte. Weder über Meere noch über alte Männer. Was möglicherweise daran lag, dass ich mit den Kindern Urlaub in der Schweiz machte. Während sich meine Familie beim Skifahren vergnügte, wanderte ich ruhelos mit dem Buch umher, bis ich zu einer verlassenen Alm kam. Vor dem malerisch verfallenen Wohnhaus setzte ich mich auf eine Bank in die Sonne und dachte eine Stunde angestrengt nach, dann schrieb ich: »Im Angesicht der erhabenen Bergwelt und eines malerischen Schweizer Dorfes aus Trotz an Hannover denken.« Und danach: »Die Klangschnittmenge eines Wildbachs und einer Horde lärmender schlittenfahrender Kinder ergibt ein überraschendes Gesamtgeräusch: Freibad.« Das hatte schon ein bisschen was von Peter Handke, und wenn ich beim Rückweg von einer Lawine verschüttet worden wäre und jemand hätte das Buch gefunden und meiner Witwe gegen Belohnung (5 Euro) ausgehändigt, dann hätte sie sich nicht schämen müssen für den Inhalt des Notizbüchleins. Danach schrieb ich erst wieder auf der Rückfahrt etwas hinein. »In der letzten Raststätte auf Schweizer Boden steht ein Behälter mit gebrauchtem Kaffee. Ein Schild erklärt: »Kaffeesatz für Ihren Garten.« In Klammern regte ich die Aufstellung eines zweiten Behälters mit »Kaffeesatz für Ihren Wahrsager« an. Und damit gab ich das bedeutungsvolle Schreiben im Moleskine fürs Erste auf, denn ich war schon völlig verkrampft. Ich verschloss das Buch sorgfältig mit dem Gummibändchen und suchte nach meinem alten Notizblock vom »Park Hotel Bremen«. Darauf schrieb ich völlig entspannt die Worte: »Sonntagnachmittag: ziemlich viele Autos auf der A5 bei Freiburg.«

Wie kommt man eigentlich auf sowas?

Einfach mal fünf dicke Bücher schreiben über alles, was einem grad so durch die Birne rauscht? Wie kommt man auf so einen verrückten Einfall? Schafft man das nur als unrasierter Norweger oder kriegt das jeder hin? Ein Rundgang durch Hölle und Fegefeuer mit anschließendem Paradiesbesuch? Ein Internat für Zauberer mit sprechenden Eulen und Hauselfen? Ein beinamputierter Kapitän, der einen weißen Wal jagt? Als Gregor Samsa eines Morgens aus unruhigen Träumen erwachte, fand er sich in seinem Bett zu einem ungeheuren Ungeziefer verwandelt? Solche Ideen sind kein Produkt des Zufalls, sondern das Ergebnis von Inspirationen und die kann jeder haben, wenn er die geeigneten Inspirationsquellen kennt. Ich stelle Ihnen die zwölf wichtigsten vor.

1. Äpfel – Friedrich Schiller ließ sich vom Geruch verfaulender Äpfel inspirieren. Vor allem die Produktion von »Wilhelm Tell«, einem Drama, in dem es um Apfelmissbrauch mit Todesfolge geht, wurde durch das sich langsam zersetzende Obst in der Schreibtischschublade des Künstlers befördert. Wer die berauschenden Dämpfe verfaulender Äpfel einatmet, kann also damit rechnen, dass ihm zumindest ein paar schillernde Zeilen einfallen. Man wird durch unterschiedliche Sorten, die verschiedensten Eingebungen erzielen. Verfaulende Boskop-Äpfel verführen eher zu säuerliche Betrachtungen, während schon ein verwesender Golden Delicious zum Verfassen einer völlig geschmacklosen Satire reizen kann.

2. Tomate – ein Kilo holländischer Tomaten hat Georg Friedrich Händel zu einem seiner schönsten Werke angeregt, nämlich der »Wassermusik«.

3. Adolf Hitler – der deutsche Reichskanzler inspirierte den Regisseur Ernst Lubitsch zu seinem wohl besten Film »Sein oder Nichtsein«. Wer sich heutzutage ein Foto von

Adolf Hitler anschaut, wird häufig zum Kauf eines Films mit Bruno Ganz inspiriert oder zum Kauf von braunen Schuhen oder einem Urlaub in Österreich. Der unrasierte Norweger Karl Ove Knausgård übernahm einfach den Titel von Hitlers Bestseller und erlangte Weltruhm, Günter Grass wurde durch Hitler zur Mitgliedschaft in der SS inspiriert, was er später mit großem Erfolg literarisch ausschlachten konnte.

4. Züge – Künstler genießen das Leben gern in vollen Zügen. Schriftsteller, die einen ICE sehen, neigen dazu, ihr Manuskript mit großer Verspätung abzugeben. Der Anblick eines Regionalexpress regt eher zu trüben, ja depressiven Gedanken an. Man sollte es als Künstler unbedingt vermeiden, einen Regionalexpress anzuschauen. Goethe hat in seinem ganzen Leben niemals einen Regionalexpress gesehen, was sich auf sein Schaffen sehr positiv ausgewirkt hat. Gleiches gilt für Dostojewski, Tolstoi und Gustave Flaubert. Martin Walser ist dagegen sogar mehrfach mit einem Regionalexpress gefahren.

5. Arzt – Der Anblick eines Arztes, oft auch nur seine Stimme oder eine Schachtel Tabletten führen beinahe automatisch zu Meisterwerken der Weltliteratur. Kaum hatte Thomas Mann seinen Proktologen gesehen, schrieb er den »Zauberberg«. Boris Pasternak schrieb »Dr. Schiwago« nachdem er mit seinem Urologen telefoniert hatte, und als Ian Flemming eine Arztrechnung betrachtete, verfasste er »Dr. No«. Goethe schrieb »Dr. Faust« und Vitali Klitschko schrieb »Unter Brüdern«.

6. Elefant – Wer nur zehn Minuten täglich einen Elefanten betrachtet, kommt auf die schwierigsten Einfälle, allerdings wird man sich an nichts mehr erinnern, weil man ja kein Elefant ist. Leonardo da Vinci malte die Mona Lisa, nachdem er glaubte, einen Elefanten gesehen zu haben. Es war aber in Wirklichkeit ein Nashorn und zwar auf einem Bild von Dürer. Der hatte sich zu seinem

Nashornbild übrigens durch einen Hirschkäfer inspirieren lassen, der später wegen Hochstapelei verhaftet wurde.

7. Kinder – sind ein steter Quell der Freude und bewegen uns zu den großartigsten Taten, derer ein Mensch fähig ist, wie dem Abschluss eines Bausparvertrags, dem Kauf einer Doppelhaushälfte oder der Unterzeichnung eine Leasingvereinbarung für einen Kleintransporter mit Allradantrieb. Kinder sind aber auch sehr anstrengend. Viele Männer entschließen sich nur deshalb, Schriftsteller zu werden, damit sie einen Vorwand haben, sich zurückzuziehen und »Ich kann so nicht arbeiten« zu rufen.

8. Geld – eine der bewährtesten und sichersten Inspirationsquellen überhaupt. Sobald ein Autor einen Vorschuss von 100.000 Euro sieht, fühlt er sich zu praktisch allem zwischen 300 und 1900 Seiten angeregt. Diese großartige Inspirationshilfe wird von Verlagen leider noch viel zu selten genutzt.

9. Kaffeewärmer – der Anblick eines Kaffeewärmers inspiriert Künstler sehr oft dazu, ein Tasse Kaffee zu trinken. Honoré de Balzac trank beim Schreiben täglich vierzig Tassen Kaffee. Wissenschaftler streiten, ob er Kaffee trank, um schreiben zu können oder geschrieben hat, um Kaffee trinken zu können.

10. Geburt - die eigene Geburt ist ein höchst anregendes Erlebnis. Nicht selten folgt darauf ein ganzes Leben, in dessen Verlauf zahllose Kunstwerke geschaffen werden können. Picasso sagte, wenn er nicht geboren worden wäre, hätte er viel weniger gemalt.

11. Kranich – wer einen Kranich sieht, muss unweigerlich an einen Reiher denken und wer an einen Reiher denkt, assoziiert damit sofort ein Reihenhaus. Kommt noch ein Reiher dazu, ist es eine Doppelhaushälfte. Und wenn man erstmal an eine Doppelhaushälfte gedacht hat, kann man alles andere vergessen. Man muss sich einmal klar

machen, dass nur ein Werk der Weltliteratur durch eine Doppelhaushälfte inspiriert wurde, nämlich »Das doppelte Lottchen«. Je mehr Doppelhaushälften es in einem Land gibt, umso schlechter ist es um die Kunst bestellt.

Offener Brief an Amazon

Sehr geehrter Jeff Bezos,
Sie haben hunderte, tausende wenn nicht gar hunderttausende Schriftstellerexistenzen vernichtet. Schuld daran sind Ihre unverantwortlichen Praktiken, die darauf abzielen, das literarische Leben, wie wir es kaum noch kennen, zu zerstören. Ich könnte Ihnen manipulierte Empfehlungslisten, wahnsinnige Rabattforderungen und verzögerte Auslieferung missliebiger Verlage vorwerfen, aber das machen schon die anderen. Ich kritisiere vor allem, dass Amazon sich verbrecherischer Methoden bedient, die gegen die Menschen- und Schriftstellerwürde verstoßen. Es sind Foltertechniken, die allen völkerrechtlichen Konventionen Hohn sprechen und die man eigentlich nur als geistiges Waterboarding bezeichnen kann.
Das grausamste Folterwerkzeug, das Ihr Unternehmen anwendet, ist das so genannte »Amazon-Ranking«. Dort wird der Autor mit einer Zahl konfrontiert, die seinen Rang in der literarischen Welt wiedergeben soll. Das bedeutet beispielsweise in meinem Fall Platz 75.193 für mein Werk »Was macht dieser Zippert eigentlich den ganzen Tag«. Ich muss also davon ausgehen, dass es 75.192 Bücher gibt, die besser sind als meins, über das der Verleger Klaus Bittermann kurz nach dem Druck zu mir sagte: »Ist doch eigentlich ganz gut geworden.« Auf die Rückseite des Covers druckte er ein Zitat des SZ-Redakteurs Willi Winkler: »Hans Zippert ist einsame Spitze«. Das war eine faustdicke Lüge, denn dank Amazon weiß

ich, dass ich nicht einsame Spitze, sondern höchstens hinteres Mittelfeld bin, wenn nicht gar auf den Abstiegsrängen. Sie können sich vorstellen, sehr geehrter Jeff Bezos, dass diese Erkenntnis nicht gerade zu meiner Inspiration beiträgt und bestimmt keine Kreativität freisetzt, die nötig wäre, um eine bessere Platzierung zu erzielen. Beim nächsten Buch druckt mein Verleger dann wahrscheinlich die Empfehlung »Bekannt von Platz 75.193 bei Amazon« auf den Titel. Und ich kann noch froh sein, wenn er das draufdruckt, denn meine weiteren Platzierungen sind noch deprimierender. »Aus dem Leben eines plötzlichen Herztoten« liegt auf Rang 81.338, »Die 55 beliebtesten Krankheiten der Deutschen« belegen Platz 308.891. Ich muss ganz ehrlich sagen, dass ich sehr froh wäre, wenn Sie, lieber Herr Bezos, mal eine Empfehlungsliste in meinem Sinne manipulieren könnten, was ja in Ihrem Hause die Regel zu sein scheint. Ich weiß nicht, was Sie dafür verlangen, wäre aber bereit, 100-150 Euro aus eigener Tasche dafür auszugeben, solange Sie dafür sorgen, dass nichts über unseren Deal an die Öffentlichkeit dringt. Ich habe auch nichts gegen eine verzögerte Auslieferung meiner Bücher, Hauptsache, es findet überhaupt eine Art von Auslieferung statt.

Sie können aus diesen Ausführungen ersehen, dass mich Ihr sauberes Ranking moralisch vollkommen zerrüttet hat. Es gibt regnerische Tage, an denen mich der unwiderstehliche Drang packt, einfach mal selber zehn meiner Bücher zu bestellen, um ein paar tausend Plätze gut zu machen. Bislang konnte ich mich durch gezielten Einsatz von Alkohol und Baumkuchentorte davon abhalten, diesen letzten verzweifelten Schritt zu gehen. Aber ich kenne Kollegen, die das machen und die diese Demütigung und Selbstdemontage natürlich mit tiefer Scham erfüllt. Doch sie werden entschädigt durch das Erlebnis, ihr Buch plötzlich von Rang 300.000 auf 9.834 schießen zu sehen. Da kaufen sie dann gleich noch zwanzig dazu, natürlich in kleinen Stückelungen und über verschiedene Bestelladressen, sonst könnte Ihr Algorithmus misstrauisch werden. Amazon liefert Informationen, die kein Autor braucht, die Sie, Jeff Bezos, uns aber geradezu aufdrängen. Ein guter Freund von mir, der ebenfalls unter der Wahnidee leidet, Bücher schreiben zu müssen, unterbricht regelmäßig intensive Gespräche, nur um nachzuprüfen, ob sich sein Amazon-Ranking wieder verändert hat. Irgendwo hat er mal gehört, dass Sie, Jeff Bezos, die Zahlen alle 30 Minuten aktualisieren. Damit ist nicht nur eine längere Unterhaltung unmöglich geworden, es ist jede Art von Kommunikation unmöglich geworden, weil der Freund nur noch darüber räsoniert, warum sich »nichts getan« hat oder er triumphiert in geradezu peinlicher Weise, weil er drei Plätze in Ihrem teuflischen Ranking aufgestiegen ist. Ich kenne Autoren, die Screenshots machen, um den kurzen Moment zu dokumentieren, an dem sie mal eine dreistellige Platzierung erreicht haben. Ich kann das sehr gut nachfühlen, auch ich besitze einen Screenshot von dem Augenblick, als ich Rang 7 belegte, nachdem ich bei Harald Schmidt zu Gast war.

Dank Ihres Unternehmens kommen weder ich noch tausende anderer deutscher Autoren dazu, etwas wirklich Substanzielles, geschweige denn, den großen deutschen Gegenwartsroman (GDG) zu schreiben, denn wir sind Gefangene Ihres perfiden Bewertungssystems, das darüber hinaus nach völlig undurchschaubaren Regeln erstellt wird. Wenn Sie noch ein paar Jahre so weiter machen, wird die deutsche Gegenwartsliteratur in völliger Bedeutungslosigkeit versunken sein. Jeff Bezos, ich fordere Sie hiermit auf, nehmen Sie die Buchversandsparte Ihres Unternehmens sofort vom Netz! Konzentrieren Sie sich auf die Belieferung mit Johann-Lafer-Käsereiben, Hello-Kitty-Bettwäsche oder Kartoffeln, sonst bricht das literarische Leben hier für immer zusammen.

Ihr tief besorgter und verzweifelter
Hans Zippert

Erinnerungen an einen Brieffreund

Viele Menschen haben bereits alles zu Loriot gesagt. Ich möchte mich daher nicht mit Nebensächlichkeiten aufhalten, wie der Präzision seiner Arbeit, seinem perfekten Timing, seinen parodistischen Fähigkeiten, seiner fantastischen Beobachtungsgabe, seiner elitären Volkstümlichkeit, seiner volkstümlichen Abgehobenheit und seinen erschreckend vollendeten Manieren. Kommen wir gleich auf unsere persönliche Beziehung zu sprechen. Wir standen in regelmäßigem Briefkontakt. Ich habe ihm zweimal geschrieben und er hat mir jedes Mal geantwortet. Regelmäßiger geht es kaum. Ich kannte Loriot schätzungsweise seit meinem fünften Lebensjahr, denn ich war ein Verehrer vom Nashorn Reinhold. Das erlebte wöchentlich elegant gereimte Abenteuer auf den Kinderseiten des »Stern«, bekannt durch das Motto: »Kinder haben Sternchen gern, Sternchen ist das Kind vom Stern«. Reinhold, der meist auf dem Rad unterwegs war, legte ein durchaus fragwürdiges Benehmen an den Tag, konnte sein Horn abnehmen und als Trinkgefäß benutzen, aber der Name seines Chronisten wurde mir erst im schicksalhaften Jahr 1968 bewusst. Da bestellte meine Mutter den Hauptvorschlagsband der Deutschen Buch-Gemeinschaft und bald darauf lag »Loriot's großer Ratgeber« auf unserem Wohnzimmertisch. Ich verstand nicht jeden Witz, aber ich verstand, dass jede Zeichnung mindestens einen Witz enthielt. Ich war fasziniert von diesen aus der Zeit gefallenen Männchen in Frack und Smoking, die so verzweifelt bemüht schienen, alle Regeln einzuhalten und dabei unaufhörlich scheiterten. Ich war derart begeistert über Loriots zurückhaltende und disziplinierte Moderation der größten gesellschaftlichen Ungeheuerlichkeiten und Verstöße gegen jegliche Etikette, dass dieses Buch sofort und für immer zu meiner Bibel wurde. Sein Rezept für eine »Stachelschweinkaltschale« lautete: »Ein frisches Stachelschwein aufkochen und durch ein feines Sieb streichen. Dann mit 1 bis 1½ Litern Wasser und Zitronenschale mehrmals aufkochen, mit etwas Mehl binden und über süße Makronen anrichten. Etwas für heiße Tage.« Allein die Formulierung »Etwas für heiße Tage« vermag mich auch heute noch schier zu zerreißen. Das Evangelium nach Vicco von Bülow half mir, die Welt zu begreifen und mir meinen Platz darin anzuweisen.

Im Herbst 1980 beschloss die Wohngemeinschaft, in der ich lebte, eine festivalartige Party zu veranstalten, und weil wir, dem Alter entsprechend, vollkommen größenwahnsinnig waren, beschlossen wir, Dutzende von Prominenten einzuladen, deren Namen und Adressen wir im Who's Who in der Stadtbibliothek fanden. Bei den meisten waren nur irgendwelche Postfächer oder die Namen von Agenturen angegeben, Loriot war jedoch mit seiner echten Postadresse verzeichnet: Vicco von Bülow, 8193 Ammerland. Dorthin schickten wir die Einladung, und damit das nicht so erbärmlich wirkte, gaben wir uns den sowohl hochtrabenden als auch schmierig-geheimnisvollen Namen »Söhne der Finsternis«, wogegen niemand Einspruch erhob, obwohl fast die Hälfte der WG-Bewohner Frauen waren. Im Anschreiben hieß es: »Unser Fest ist dem Weltfrieden und dem internationalen Wahnsinn gewidmet. Wir glauben fest daran, dass wir gemeinsam in der Lage sein werden, die letzten drängenden Probleme der Menschheit zu lösen, als da wären: die Verbesserung von Mitteleuropa, das Leben nach dem Tod und die allgemeine Geldknappheit.«

Eine Woche vor dem Termin erhielten wir ein Telegramm von Martin Scorsese, in dem er bedauerte, nicht persönlich kommen zu können, er werde uns jedoch eine Maske schicken, die jemand stellvertretend für ihn tragen könne. Und drei Tage nach der durchaus rauschenden Party erreichte uns dieses Schreiben aus Ammerland:

> Sehr geehrte Herren! Aufgrund Ihrer Einladung fand ich mich am 8. November in der Brückenstrasse 28 in Bielefeld ein, um zu meinem Erstaunen feststellen zu müssen,

dass dort niemand zu Hause war. Die mit mir wartenden weiteren Gäste, Hermann-Josef Abs, Herbert Achternbusch, Aga Khan, Muhammad Ali, Woody Allen, Yaser Arafat, Louis Aragon, Fernando Arabal, Fred Astaire usw. (die Gästeliste ist Ihnen ja wohl bekannt) waren über diesen Umstand ebenfalls nicht wenig empört. Henry Kissinger hatte einen außerordentlich wichtigen Zahnarzttermin abgesagt, Helmut Heißenbüttel musste seine Watzmann-Erstbesteigung unterbrechen und auch Miss Lollobrigida kam Ihr Termin nicht gelegen, da sie samstags immer ihren Kegelabend hat. Zum Glück hatte Frau Dietrich die Idee, sich in der Bahnhofsrestauration ein wenig aufzuwärmen und es wurde noch ein recht netter Abend. Trotzdem kann ich Ihnen leider den Vorwurf nicht ersparen, dass durch Ihr unverantwortliches Verhalten Sie möglicherweise zu einer tiefgreifenden Störung der Völkerverständigung entscheidend beigetragen haben. Hochachtungsvoll Ihr Loriot.

Lange drehten wir den Brief hin und her, hielten ihn gegen das Licht und überlegten, ob irgendjemand in unserem Bekanntenkreis in der Lage war, so brillant abgeklärt und unaufdringlich witzig zu formulieren, um schließlich zu dem Ergebnis zu kommen: das Schreiben war echt. Der echte Loriot hatte auf eine Einladung der Söhne der Finsternis geantwortet und uns ganz nebenbei gezeigt, wo der komische Hammer hängt und bei sachgemäßer Handhabung rasant an Fallhöhe gewinnen kann. Wir lasen den Brief jedem vor, der nicht rechtzeitig die Flucht ergriff, fühlten uns praktisch in den Adelsstand erhoben, und diese Ernennung verdankten wir dem Herrn von Bülow.

Wir waren damals aber nicht nur als Event-Manager tätig, sondern betrieben außerdem ein bizarres Presseprodukt, das wir »Dreck-Magazin« nannten und in dem wir uns literarisch, lyrisch, satirisch und journalistisch ausprobierten. Mehrmals veranstalteten wir Umfragen zu hochrelevanten

Themen: »Wie stellen Sie sich Ihre Beerdigung vor?« oder aber auch »Was würden Sie tun, um die Welt zu retten.« Wir erhielten Antworten von Ursula LeGuin, Paul Bowles, Brian Aldiss, Captain Sensible und dem verhinderten Watzmannbezwinger Helmut Heißenbüttel. Loriot gehörte ebenfalls zu den Adressaten und er meldete sich prompt zum Thema Weltrettung zurück, vielleicht weil wir ihn wieder als »Söhne der Finsternis« angeschrieben und gefragt hatten: »Was würden Sie tun, um die Welt zu retten?« Loriot ließ uns wissen: »Sehr geehrte Herren, für Ihr Schreiben danke ich Ihnen sehr, erlauben Sie mir, dass ich sofort zur Beantwortung Ihrer Fragen übergehe. Als verantwortungsvoller Demokrat und Bürger dieses unseres Landes halte ich es für meine selbstverständliche Pflicht, alles nur Erdenkliche zu tun, um die Welt zu retten.« Weiter wollten wir von ihm wissen, ob er irgendeinen Sinn darin sehe, die Welt zu retten. Darauf Loriot: »Angesichts der steigenden Arbeitslosenzahlen ist die Rettung der Welt besonders sinnvoll, da seriöse mittelständische Betriebe aber auch Großunternehmen dies als wichtigen Impuls für Neuinvestitionen empfinden könnten.« Und zuletzt wollten wir erfahren, welche Botschaft er außeririschen Besuchern hinterlassen würde: Darauf wusste Loriot uns folgendermaßen Bescheid zu tun: »Es gibt meiner Meinung nach mehrere bedeutende Werke, die hinterlassen werden sollten. Takt und Bescheidenheit verbieten mit jedoch, den Autor und die Titel der Werke zu nennen. In der Hoffnung, Ihnen gedient zu haben, bin ich hochachtungsvoll Ihr sehr geehrter Loriot.« Heilige Scheiße, wie cool konnte man sein?
Diesmal hielten wir den Brief nicht mehr gegen das Licht, hinter das wir immer noch fürchteten, geführt zu werden, sondern wussten sofort, das ist der echte Loriot. Der Mann nahm anscheinend alle Anfragen gleichermaßen ernst und beantwortete die Schreiben selbst zweifelhaftester Absender respektvoll, formvollendet, schlagfertig und mit einem derart distinguierten Witz, als ob ein angenehm und nur ganz leicht angetrunkener britischer Adliger ihn verfasst hätte. Vicco

von Bülow ging huldvoll auf die abseitigsten Anliegen ein und konterte angestrengte Witzigkeit mit gelassener Komik. Einen wie ihn hatte es nie zuvor und wird es auch in Zukunft leider nie wieder geben.

>Kolumnen<

Zum Geleit

Ich stamme aus einer alten Kolumnistenfamilie. Mein Vater war Kolumnist in der vierten Generation. Auch die Mutter meiner Mutter war als Kolumnistin hervorgetreten. Ihr Vater, also mein Urgroßvater, arbeitete als Handlungsreisender und hatte halb Ostpreußen mit Konsonanten versorgt. Seine Ware war begehrt, auf dem Land kannte man nur Vokale und ein paar unschöne Zischlaute, die herrlichen, blankpolierten Konsonanten meines Urgroßvaters fanden reißenden Absatz. Zwei Jahre verbrachte er im Gefängnis, weil er einen verbotenen Handel mit Umlauten betrieb. Seine Tochter, meine Großmutter, war eigentlich Trichinenbeschauerin. Sie wagte es als einzige Frau im ganzen Landkreis durch ein Mikroskop zu schauen, und was sie da sah, schrieb sie auf. Ihre Kolumne erschien in der Zeitschrift des Tierkörperverwerterverbandes, dem »Metzger-Menetekel«, und hieß »Vergrößerungen«. Penibel notierte sie Anzahl und Aussehen der Trichinen und las aus den Innereien der geschlachteten Tiere die Zukunft. Noch im hohen Alter legte sie jede Wurstscheibe unters Mikroskop und machte sich kopfschüttelnd Notizen. Meiner Mutter vererbte sie ein großes Haus und das Talent, regelmäßig eine weiße unbedruckte Fläche mit Buchstaben zu füllen.

Meine Kindheit verbrachte ich in eben jenem großen Haus mit Backsteinfassade und hohen, dunkel möblierten Räumen. Die Gardinen mussten auf Geheiß meines Vaters den ganzen Tag geschlossen bleiben, damit ihn kein Sonnenlicht ablenken konnte. In Wirklichkeit hatte er Angst, aus einem der Nachbarhäuser beobachtet zu werden. Er glaubte, überall lägen neidische Kollegen auf der Lauer, um ihm die Ideen zu stehlen. Er hatte sogar die

Sonne im Verdacht. Tagsüber musste absolute Ruhe im Haus herrschen. Mein Vater und meine Mutter saßen in verschiedenen Stockwerken weit voneinander entfernt und arbeiteten an ihren Texten. Ich durfte nicht zu viel Lärm machen, sonst wurde sofort ein Taxi bestellt und der Fahrer bekam den Auftrag, mit mir in den Zoo oder ins Kaspertheater zu gehen. Irgendwann wurde für mich ein Kindermädchen eingestellt, das die Aufgabe hatte, mich mindestens acht Stunden ruhigzustellen. Meine Mutter sah ich nicht sehr oft, morgens fand ich manchmal einen Brief von ihr vor, der mich informierte, dass ihr Bild in der Zeitung abgedruckt sei. Da konnte ich dann sehen, dass sie ihre Frisur geändert oder sich ein neues Kleid gekauft hatte.

Meinen Vater sah ich nie, er verließ sein Arbeitszimmer jedenfalls nicht, solange ich in der Nähe war. Im Speiseraum hing immerhin eine gerahmte Fotografie, auf der ein älterer Mann in einem schwarzen Anzug meinem Vater einen Pokal überreichte. Für zwanzig Jahre unermüdliches Schreiben. »Unserem Täglichsten« stand unter dem Foto, auf dem mein Vater gequält lächelte.

Als Kind hatte ich nicht die geringste Ahnung, was das überhaupt war, ein Kolumnist. In der Schule lachten sie, wenn ich den Beruf meiner Eltern erwähnte. Mein Klassenlehrer verpasste mir sogar eine Ohrfeige und schrie: »Damit gibt man nicht auch noch an!« Er hatte natürlich Kommunist verstanden. Keiner meiner Mitschüler hatte einen Kolumnisten zum Vater, geschweige denn eine Mutter. Ich wurde niemals zu einem Geburtstag eingeladen und niemand wollte neben mir sitzen. Als ich zehn Jahre alt wurde, schrieb mir meine Mutter, ich sei jetzt zu alt für irgendwelche kindischen Feiern, es würden am Abend einige Gäste kommen, mit denen ich mich sicher prächtig verstehen werde. Es erschienen etwa ein Dutzend Männer und Frauen, die alle mindestens viermal so alt wie ich waren. Sie kannten meine Eltern aus dem Kolum-

nisten-Club und betrachteten mich wie ein seltenes Insekt. »Schön, dass wir dich auch mal in natura sehen«, riefen sie. Ich hatte keine Ahnung, was sie damit meinten, aber dann überreichte mir ein sportlich gekleideter Herr mit Schnauzbart und Monokel ein Büchlein und sagte: »Die Zeichnungen sind von mir, ich hoffe, sie gefallen dir, Junge.« Das Buch hieß »Wenn der Vater mit dem Sohne – aus dem Leben eines Erziehungsberechtigten«. Es war ein Sammelband mit Kolumnen meines Vaters. Ich begann zu lesen und wurde rot, denn er wusste einfach alles über mich. Er war auch mit mir im Zoo und im Kaspertheater gewesen und hatte sich jeden Ausspruch notiert. Genauer gesagt hatte das wohl der Taxifahrer gemacht. Jedenfalls begriff ich, dass mich mein Vater die ganze Kindheit hindurch beobachtet hatte und über alle meine Aktivitäten unterrichtet war. Fast jeden meiner Aussprüche hatte er verändert, es klang jetzt sehr lustig und fast schon weise, was ich zu sagen hatte. Ich bemerkte, dass die Gäste ein wenig enttäuscht waren, weil ich an diesem Abend nicht so originell reagierte wie in den Texten meines Vaters. Ich hörte, wie eine Frau sagte: »Das Kind ist ausgebrannt, sie sollten sich bald ein neues besorgen.« Der sportliche Herr betrachtete mich missbilligend durch sein Monokel und flüsterte der Frau zu: »Er sieht nicht sehr sympathisch aus. Für das nächste Buch müsste ich den Bengel komplett retouchieren.« Ich fühlte mich miserabel. Später bekam ich raus, dass meine Mutter heimlich meinen Vater dabei beobachtete, wie er mich beobachtete, und ihre Kolumnen erschienen in einer Psychologischen Fachzeitschrift unter dem Titel »Vaterschaftstest«.
Kurz nach diesem traumatischen zehnten Geburtstag schickten mich meine Eltern auf ein Internat für schwer beschreibbare Kinder in Bad Herrenalb.

Danach kam ich auf die renommierte Kolumnisten-Akademie in Bad Drillingen, wo ich sechs Jahre durch die

Hölle ging. Wir wurden mitten in der Nacht geweckt, im Wald ausgesetzt und mussten mit den Fingernägeln eine Kolumne in Baumrinde ritzen. Sadistische Ausbilder ließen uns zwanzig Stunden an einer Pointe schleifen. Ich wurde am Bleistift ausgebildet, musste während des Schreibens Patronen im Füller nachladen und lernte einen Kugelschreiber in drei Minuten auseinanderzubauen und wieder zusammenzusetzen. Als ich die Akademie verlassen durfte, hatte ich es zum Kolumnistenführer gebracht und ich erfuhr, dass meine Eltern inzwischen zwei neue, originellere Kinder adoptiert hatten. Das war natürlich ein Schock, doch heute verstehe ich, warum meine Eltern so handeln mussten. Erst als ich selber Vater wurde, begriff ich, wie sie gelitten hatten. Ich wollte natürlich alles anders und besser als meine Eltern machen, aber nachdem ich meine Kinder eine Woche lang beobachtet hatte, ohne dass dabei auch nur ein verwertbarer köstlicher Ausspruch herausgekommen wäre, war auch ich verzweifelt. Vor allem als sich herausstellte, dass das Internat in Herrenalb inzwischen geschlossen worden und die Umtauschfrist für die Kinder abgelaufen war.

Wie schaffen Sie das nur?

Immer wieder stellen mir Journalisten und Ärzte diese Frage. Deshalb will ich kurz und anschaulich erläutern, wie es mir gelingt, jeden Tag den mir in der Welt zur Verfügung stehenden Kolumnenraum zu füllen. Sie ahnen es sicher schon: All diese Texte, die so unendlich verkrampft, verquast und gezwungen wirken, sind das Ergebnis monotoner, schmutziger und entfremdeter Arbeit.

Doch wie geht das genau vor sich? Es wird Sie wahrscheinlich verblüffen, aber ich verwende eigentlich immer den gleichen Text, den ich jedesmal nur geringfügig abändere.

Damit die Leser der Welt nichts merken, benutze ich dazu ein Hilfsmittel namens Buchstaben, zu denen man beispielsweise auch das T zählt. Diesen und andere Buchstaben schneide ich nach sorgfältiger Überlegung aus anderen Zeitungen aus und mische sie wieder neu zusammen. Dazu benutze ich verschiedene hochwertige Spezialwerkzeuge. In jeder neuen Kolumne ordne ich die Buchstaben ein ganz klein wenig anders an, mit bloßem Auge ist das nicht zu erkennen und für den Laien schon gar nicht. Ich benutze insgesamt nur 26 Buchstaben, die in einem praktischen Set zusammengefasst sind, das unter Fachleuten als Alphabet bekannt ist. Das Buchstabenmischen gilt als äußerst heikle Tätigkeit; je nachdem, wie geschickt man sich dabei anstellt, kann ein Gebet, ein Möbel-Katalog oder ein neuer Roman von Martin Walser dabei herauskommen. Zu Beginn meiner Tätigkeit als Kolumnist musste ich die Buchstaben noch alleine mischen. Sobald meine Söhne groß genug waren, zwang ich sie, mir zu helfen. Als die Welt mich zwang, täglich eine Kolumne zu produzieren, gelang es mir, eine Kindergartengruppe aus der Nachbarschaft in die Arbeit einzubinden. Unter Anleitung von erfahrenem Personal konnten die Kolumnen sogar in Farbe produziert werden. Waren die Buchstaben fertig gemischt und zu einer Kolumne zusammengeklebt, wurde diese von den Kindern zum Briefkasten gebracht und an die Welt geschickt. Natürlich machte der Fortschritt auch nicht vor der Kolumnenproduktion halt. Ich stattete mein Arbeitszimmer mit einem Rohrpostnetz aus, mit dessen Hilfe ich mir meine Texte beliebig oft selbst zuschicken konnte. Dank regelmäßig gezahlter Honorare war es mir möglich, die doch recht unzuverlässig arbeitenden Kinder endlich zu entlassen. Die Arbeit wurde nun fast ausschließlich von Maschinen erledigt. Im Laufe der Jahre ist im Vordertaunus ein riesiges Werk mit über hundert Arbeitskräften entstanden. Denn es sind leider immer noch Menschen, die die Maschinen bedienen müssen.

Häufig kommt es dabei zu erregten Diskussionen über den Inhalt der Kolumne. Mitarbeiter debattieren über präpositionale Ergänzungen oder feilen sogar nach Feierabend an schlecht verschraubten Relativsätzen. Wenn es um schwierige oder gefährliche Themen wie Müntefering oder Mohammed-Karikaturen geht, besteht natürlich Helmpflicht. Seit 2004 kann ich übrigens dank modernster Maschinen einmal benutzte Buchstaben wieder aufbereiten und daraus sogar langatmige Reiseberichte, Politikerporträts oder wissenschaftliche Artikel für die FAZ produzieren. Die von der Welt geforderten kurzen Texte erzeuge ich, indem ich einen längeren Riemen in mehrere Teile zerschneide. Die Kunst besteht natürlich darin, den richtigen Schnitt zu setzen. Es muss gerade noch so eben interessant, aber auch noch nicht langweilig sein. Schneidet man zu früh, ist der Text vielleicht zu interessant, schneidet man zu spät, ist die Kolumne schon langweilig geworden. So etwas lernt man auf keiner Schule. Setze ich mich mit brennenden sozialen Problemen auseinander, kann es schon passieren, dass einige Formulierungen allzu feurig ausfallen. Für solche Fälle beschäftige ich eine hervorragend ausgerüstete Werksfeuerwehr. Dank ihrer feuerfesten Uniformen ist für die Männer der Umgang mit Brandbriefen, flammenden Appellen, glühenden Patrioten und feurigen Spaniern kein Problem. Doch zurück zur eigentlichen Kolumnenproduktion. Um dem Text den »letzten Schliff« zu geben, wie wir Kolumnisten das nennen, übersetzt ein Hochleistungscomputer ihn ins Portugiesische und Sekunden später wieder zurück ins Deutsche. Das sorgt für einen ganz speziellen Verfremdungseffekt, und vor allem kann man nicht mehr zurückverfolgen, wie der Text eigentlich entstanden und wer dafür verantwortlich ist. Zum Abschluss lasse ich genau überprüfen, ob Irgendetwas Störendes zwischen den Zeilen steht. Dann wird die Kolumne endlich an die Welt durchtelefoniert. Der Herausgeber und sein Chefredakteur lesen sie dann über Lautsprecher der gesamten Belegschaft vor. Im hochmodernen Newsroom wird der Text zunächst ungläubig aufgenommen, doch nach etwa zweistündigem Nachdenken springen die Ersten auf und applaudieren begeistert stundenlang und im Stehen. In diesen triumphalen Minuten liege ich längst im künstlichen Koma und unterziehe mich einer Sauerstoffdusche. Dabei lasse ich routinemäßig meine Pronomendichte messen und einen Konjunktionseinlauf machen. Wenn Sie das nächste Mal einen Text von mir lesen und anschließend gelangweilt im Altpapier entsorgen, dann wissen Sie jetzt, wie viel Mühe er mich gekostet hat. Und glauben Sie mir, es ist niemand überraschter als ich, wenn ich morgens den Text lese, den ich am Tag zuvor produziert haben soll.

So täglich wie möglich

Das Schreiben einer täglichen Kolumne unterscheidet sich massiv vom Schreiben einer wöchentlichen Kolumne und ist mit einer monatlichen überhaupt nicht zu vergleichen. Um täglich zu schreiben, muss man topfit sein, ständig Mahlzeiten zu sich nehmen und über ein intaktes abstraktes Vorstellungsvermögen verfügen. Denn es ist ja nicht so, dass man am Montag die Kolumne für Montag schreibt, sondern am Montag schreibt man einen Text, der erst Dienstag in der Zeitung steht. Das hat mit allen möglichen technischen Problemen zu tun, die ich selber noch immer nicht verstanden habe. Sie müssen sich aber nur mal vor Augen führen, dass mein Text über 346.000-mal vervielfältigt werden muss, damit ihn jeder Käufer der Zeitung lesen kann. Das ist auch mit modernsten Maschinen erst nach Stunden möglich, mit unmodernen würde es sogar Wochen dauern.

Wichtig ist vor allem, dass in jeder dieser 346.000 Zeitungen dasselbe steht. Jede Ausgabe muss also 346.000 Mal

Korrektur gelesen werden, eine Aufgabe, der ich mich jeden Tag aufs Neue stellen muss.
Kommen wir aber noch einmal zurück zum Problem der Zeitverschiebung. Wie kann man am Montag schon wissen, was die Menschen am Dienstag bewegen wird? Das ist die große Kunst, eine Gabe, die nur Wenige besitzen. Natürlich arbeite auch ich mit Hilfsmitteln. So schaue ich täglich im Kalender nach, was wohl vor einem Jahr um diese Zeit passiert ist, aber, wie heißt es so schön: Man schaut niemals zweimal in denselben Kalender. Den entscheidenden Tipp erhielt ich übrigens von einem älteren Kollegen, der mir sagte: »Schreib einfach irgendwas hin.« Daran habe ich mich gehalten und bin gut damit gefahren.
Ich lebe fast die ganze Woche in der Zukunft. Montag ist für mich Dienstag, am Dienstag hat für mich der Mittwoch angefangen, während am Mittwoch längst der Donnerstag begonnen hat. Wenn normale Menschen den Donnerstag geruhsam angehen lassen, treiben mich freitägliche Gedanken um. Dafür beginnt der Samstag, also das Wochenende, für mich schon am Freitag. Samstags ist für mich einfach nur Samstag, so wie für alle anderen auch, der einzige Tag, an dem ich mich nicht in der Zukunft aufhalten muss, den ich allerdings nun schon zum zweiten Mal erlebe. Auch das muss man erstmal aushalten.
Wenn alle anderen am Sonntag zu Ausflügen mit Picknick und Minigolf aufbrechen, hat für mich endlich der Montag begonnen. Seit zehn Jahren habe ich keinen Sonntag mehr erlebt. Zähes Rindfleisch mit fettiger Soße, Kirche, Anne Will, das alles gibt es für mich nicht, und ich habe es keine Minute vermisst.
Wenn man ein derartig enges Verhältnis zu den Wochentagen pflegt, dann merkt man schnell, dass die Tage sich nicht gleichen. Man schreibt Montag anders als Dienstag. Montag schreibt man nämlich mit »M« und Dienstag mit

»D«, und jeder Tag hat außerdem seine ganz eigene Atmosphäre, seine spezielle Aura, der sich der schöpferisch tätige Mensch nicht entziehen kann. Aber auch auf mich üben die Wochentage ihren besonderen Einfluss aus. Eine Montagskolumne hätte ich niemals am Donnerstag schreiben können, und eine Freitagskolumne ist keine Dienstagskolumne. Regelmäßige Leser brauchen keinen Kalender, sie wissen sofort: Zippert schreibt über Tiere, es muss Mittwoch sein.

Kafka

Wir befinden uns im Kafka-Jubiläumsjahr. Das merkt man an Buchtiteln wie »Kafka für Fiese«, »Kafkas Kosmos«, »Der komische Kafka« oder »Kafka im Büro«. Es fehlt eigentlich nur »Der Franz in Dir muss Heimat finden« und »Alles, was Sie schon immer über Sex wissen wollten, aber Kafka nie zu fragen wagten«.
Es gibt über 300 Werke mit Kafka-Bezug, daran könnte sich das Fernsehen ein Beispiel nehmen, wo nur die ARD mit einer immerhin hochgelobten Kafka-Serie aufwartet, die aber niemand sehen wollte, weil Daniel Kehlmann das Drehbuch geschrieben hat. Ob Kafka das gewollt hätte, ist zweifelhaft, andererseits war er viel Kummer gewöhnt. Dabei bietet der geheimnisvolle Schriftsteller wirklich gute Vorwände zur Umsetzung ins Bewegtbild. Eine »Kafkaeske Küchenschlacht« mit Steffen Henssler und Tim Mälzer wäre das Mindeste, selbst wenn da am Ende alles kalter Kafka sein sollte. In der Daily Soap »Rote Rosen« könnte Kafka einen Gastauftritt haben und im Hotel »Drei Könige« als Ungeziefer wieder aufwachen.
Da Tiere im Werk des Pragers sowieso eine wichtige Rolle spielen, wäre auch »Der Kafka und das liebe Vieh« eine schöne Vorstellung. Natürlich darf die Krimi-Serie »Soko

Kafka« nicht fehlen und besonders freuen würde ich mich auf »WaPo Prag« mit Wasserpolizeihauptmeister Franzl Kafka, wobei der Autor natürlich noch passender als Versicherungsdetektiv besetzt wäre. Schön wäre auch eine Reise-Sendung wie »Die unerreichbarsten Schlösser Europas« und für den Autor des Landarztes sollte zumindest »Praxis Dr. Kafka« oder der »Bergwerksdoktor« drin sein. Ethikpapst und Kitschkönig Ferdinand von Schirach könnte endlich mal den »Prozess« neu aufrollen und durch Publikumsvotum entscheiden lassen. Und weil eigentlich alle Geschichten Kafkas Rätsel aufgeben, sollten sie mal in »Aktenzeichen XY ungelöst« behandelt werden. Leider hat RTL die Möglichkeit verpasst mit »Felice Bauer sucht Franz« zu punkten, aber im Kinderkanal startet bald »Max das Brod«. Der geheimnisumwitterte Autor bietet nahezu unendliche Vermarktungsmöglichkeiten. Demnächst bei Hornbach im Angebot: Die »Kafka-Axt« für das gefrorene Meer in uns. Bei Ikea gibt es das Kellerregal »Kafka« mit drei fehlenden Schrauben und vier doppelten Böden. Der immer etwas ausgemergelt wirkende Verfasser des »Hungerkünstlers« wäre natürlich eine ideale Werbefigur für die Weight Watchers. »Kafka« könnte aber auch der Name einer Abnehmspritze sein. Selbst die Automobilbranche könnte vom Kafka-Jahr profitieren. Der Name Elon Musk klingt jedenfalls schon wie von Kafka ausgedacht. Und das Tesla-Werk in Grünheide hat längst kafkaeske Dimensionen. In Wolfsburg denkt man bestimmt schon über den »VW Kafka« in Käferform nach, und mit dem »Opel Kafka« kommt man seinem Ziel sehr nahe, erreicht es aber niemals vollständig.

Schweinesystemenergie

Kürzlich wurde gemeldet, dass taiwanesische Forscher Schweine gezüchtet haben, die im Dunkeln grün leuchten. Lange hat die Menschheit auf diesen Moment warten müssen. Wie wäre der Neandertaler froh gewesen, wenn ihm im Höhlendunkel ein grün leuchtendes Schwein den Weg gewiesen hätte. Mangels leuchtender Schweine war auch der moderne Mensch gezwungen, teure Elektrizität von skrupellosen Stromversorgern zu beziehen, aber damit ist jetzt Schluss. Das Ende aller Energieprobleme ist nahe. Das haben auch die Grünen begriffen, Windkraft ist für sie passé, sie setzen voll auf Schweineenergie. Demnächst beleuchten wir unser Wohnzimmer mit einem Schwein. Unter der Decke baumelt keine Ikea-Lampe, sondern ein 60-Watt-Hängebauchschwein. Auch unsere Texte schreiben wir nur noch beim trauten Schein des Schweines. Und das Beste: erst beleuchten wir unsere Wohnung damit und dann essen wir den Leuchtkörper auf. Lampen aus nachwachsenden Rohstoffen! Mattleuchtende Ferkel für das Kinderzimmer, Halogeneber für die Küche und die gedimmte Sau lassen wir dann im Schlafzimmer raus.

Vatertagsversagen

Über 70% aller Männer vernachlässigen am Vatertag ihre Pflichten. Sie ziehen keineswegs mit Bollerwagen und Bierfass hinaus in die Natur und lassen ihren Trieben freien Lauf, stattdessen unternehmen sie »etwas mit der Familie«. Der Mann, jenes Wesen, das Gott einst mit einem Bollerwagen in der Hand geschaffen hat, weiß inzwischen gar nicht mehr, wie man mit sich mit einem solchen Fahrzeug bewegt und macht sich Sorgen, ob der Bier-

transporter möglicherweise aus Tropenholz hergestellt wurde.
Weil er sich die Lenkung des Bollerwagens nicht mehr zutraut, fährt der Mann lieber Auto. Deshalb steigt die Zahl der Unfälle unter Alkoholeinfluss am Vatertag um das Dreifache. Wer an diesem Tag Alkohol trinken will, dem raten Experten, »die Autoschlüssel zu Hause zu lassen«. Das ist natürlich Quatsch, dann muss man den Wagen ja kurzschließen! Und das mit besoffenem Kopf! Was da passieren kann!
Warum wird am Vatertag überhaupt so viel Alkohol getrunken? Aus Kummer und Verzweiflung natürlich, weil man als Vater nie was geschenkt kriegt. Während die Mütter am Muttertag parfümmäßig und blumentechnisch groß abräumen. Viele Mütter bekommen sogar Frühstück ins Bett und Weinbrandbohnen. Der Vater kriegt nichts, er muss sein Fläschchen 4711 selber kaufen und sich damit den Tag schöntrinken. Und wenn er dann nicht mehr stehen kann, holt ihn keine Mutter und kein Kind ab, der Vater muss sich selbst hinters Steuer setzen. In seinem Zustand! Aber was heißt hier überhaupt Vatertag, der existiert doch gar nicht. Das ist nämlich in Wirklichkeit der Tag, an dem Jesus gen Himmel aufgefahren ist. Und dem hat damals jedenfalls keiner gesagt, dass er die Autoschlüssel zuhause lassen soll.

Autoschieberbande

Vor einigen Tagen informierte uns das Fernsehen, der Kölner Polizei sei »ein Schlag gegen eine Autoschieberbande« gelungen. Wir freuen uns immer, wenn der Polizei ein Schlag gelingt, aber wir fragen uns, was ist eigentlich so schlimm an einer Autoschieberbande? Auch wir haben unser Auto hin und wieder geschoben, oft wurden wir dabei von drei oder vier anderen Menschen unterstützt –

bildeten wir in diesem Moment etwa eine Autoschieberbande? Wahrscheinlich handelt es sich grundsätzlich um einen Fall von Wirtschaftskriminalität, man soll Autos kaufen und fahren, aber auf keinen Fall schieben. Kinderwagen dagegen werden immer geschoben, eine Kinderwagenschieberbande ist bisher noch nicht aktenkundig geworden. Dabei würden wir in der Tagesschau gerne mal ein Wort wie Kinderwagenschieberbandenunwesen hören. Das Problem in unserem Land ist: es werden zu wenig Kinderwagen geschoben, aber zu viele Autos. Anscheinend wollen mehr Menschen ihre Rente durch das Schieben von Autos als durch das Schieben von Kinderwagen sichern. Deshalb ist es richtig, wenn die Polizei dem Autoschieben einen Riegel vorschiebt und Autoschieberbanden in Autoschieberbandenabschiebehaft nimmt.

Kuckuckskunde

Wegen der Pandemie sind in den vergangenen Jahren weniger Touristen nach Deutschland gekommen und deshalb wurden im Schwarzwald nur halb so viel Kuckucksuhren hergestellt und verkauft, genauer gesagt 54% weniger als früher. Die Kuckucksuhrindustrie wird in Statistiken gerne übersehen, doch die Krise der Uhrenhersteller hat Auswirkungen auf die gesamte strukturschwache Region. Vor allem für Kuckucke hat sich die Lage dramatisch zugespitzt. Nur noch wenige finden Arbeit in einer Uhr, jeder zweite ist arbeitslos und die Vögel sind schwer zu vermitteln, weil sie einen schlechten Ruf haben. Selbst in der Gastronomie beschäftigt man Kuckucke nur sehr ungern, weil man befürchtet, dass sie den Gästen unerwünschte Speisen und Getränke unterschieben. Eine Umschulung auf Eieruhren kommt für die Vögel aus genetischen Gründen nicht in Frage. Immer mehr Kuckucke werden daher kriminell. Sie schließen sich zu Banden zusammen und machen den Schwarzwald unsicher, wo es schon jetzt einige No-Go-Areas geben soll, in denen der Kuckucks-Clan das Sagen hat.

Kindersorgen

Wie lange sollen Kinder zuhause wohnen? Die Eltern eines 30-Jährigen in Syracuse im Bundesstaat New York wollten ihren Sohn zwingen auszuziehen, reichten Klage ein und bekamen Recht. In der westlichen Welt gilt es als Naturgesetz, dass Kinder am besten mit achtzehn ausziehen sollen. Wer mit 25 noch bei den Eltern wohnt, gilt als schwer gestört. Gerne werden Analogien zum Tierreich bemüht, wo Kinder aus dem Nest geschubst oder aus dem Rudel herausgebissen werden. Aber diese Vergleiche hinken, denn der Mensch ist schließlich vor allem deshalb Krone der Schöpfung, weil er so lange bei seinen Eltern wohnt. Kein anderes Säugetier hält es überhaupt so lange mit seinen Erzeugern aus.

Auch vom moralischen Standpunkt aus betrachtet haben Eltern kein Recht, ihre Kinder rauszuwerfen. Niemand hat darum gebeten, geboren zu werden, das haben die Eltern ganz allein in einem selbstherrlichen Akt geregelt. Deshalb sollten die Kinder entscheiden dürfen, wann und ob sie überhaupt auf eigenen Füßen stehen wollen. Denn hat man einmal den Fehler gemacht auszuziehen und, wie es so schön heißt, selbstständig zu werden, geht das Unglück los: Arbeit, Ehe, Hauskauf, Schulden, ungefragte Erzeugung eigener Kinder, noch mehr Arbeit, noch mehr Schulden und am Ende wollen genau die Eltern, die Schuld an der ganzen Misere sind, auch noch gepflegt werden oder einen Aufenthalt in einer Luxusseniorenresidenz finanziert bekommen. Außerdem sollte man bedenken, je länger jemand unter der Aufsicht seiner Eltern steht, desto weniger Unheil richtet er an. Hitler, Stalin,

Mao, Caesar oder Dschingis Khan sind beispielsweise alle früh von zuhause ausgezogen.

Designgerät

Die Firma Bang & Olufsen droht uns: »Mit dem BeoVision Avant 32 steht Ihr Sofa in der besten Kinoreihe«. Obwohl wir ihm diesen Spaß herzlich gönnen, möchten wir trotzdem nicht, dass das Sofa sich ohne unser Wissen im Kino herumdrückt. Wir fragen uns außerdem, woher hat es eigentlich das Geld? So wie wir unser Sofa kennen, muss es doch mindestens vier Karten kaufen, um halbwegs bequem zu sitzen. Und worauf sollen wir sitzen, wenn das Sofa im Kino ist? Wir müssen unbedingt bequem sitzen, um die Vorzüge des »BeoVision Avant 32« zu genießen: entspiegelte Kontrastfilterscheibe und Bildröhre, Bildformatoptimierung, per Fernbedienung steuerbarer Motorstandfuß und ein elektronischer Vorhang. Was können wir uns auf diesem Meisterwerk der Designkunst überhaupt anschauen? Ein Video vom Mexikourlaub unserer Schwiegereltern bestimmt nicht. Das wäre schon mal ein echtes Kaufargument. Aber was passiert mit Nina Ruge, Barbara Salesch, Birgit Schrowange oder Kai Pflaume? Da greift wahrscheinlich die »Bildformatoptimierung« und lässt sie vom Bildschirm verschwinden. Und wenn André Rieu erscheint? Dann geht automatisch der »elektronische Vorhang« runter! Wir werden dieses Gerät kaufen. Sobald unser Sofa wieder zu Hause ist.

Gnadenbrote

In Fulda arbeiten Lebensmittelwissenschaftler an der Entwicklung eines seniorengerechten Brotes. Sie bekämpfen dabei vor allem die Kruste, die sich für viele Senioren als Todesfalle erwiesen hat. Es sterben mehr Achtzigjährige durch Verletzungen mit Brotkrusten als durch Tauchunfälle, um nur mal ein Beispiel zu nennen. Pfleger in Seniorenaufbewahrungsstätten verbringen 52 Prozent ihrer Arbeitszeit damit, die Krusten von nicht seniorengerechten Broten abzuschneiden. Den Rest der Arbeitszeit verbringen sie damit, die Krusten zu entsorgen. Würde man alle Krusten, die täglich von Senioren- und Greisenbroten abgeschnitten werden, aneinanderlegen, käme man auf eine Strecke von 99.000 Kilometern. In kleine Stücke geschnitten, könnten Senioren mit diesen Krusten täglich 22.000 Enten füttern oder drei Modelle der Cheopspyramide aus Brotteig formen, im Maßstab 1:10. Ingenieure im Hinterland von Fulda arbeiten bereits an einem Rollator, der zu 99 Prozent aus recycelten Brotkrusten besteht. Sollte der Senior in menschenleerem Gebiet verunglücken, kann er den Rollator einfach aufessen, bis endlich Hilfe eintrifft.

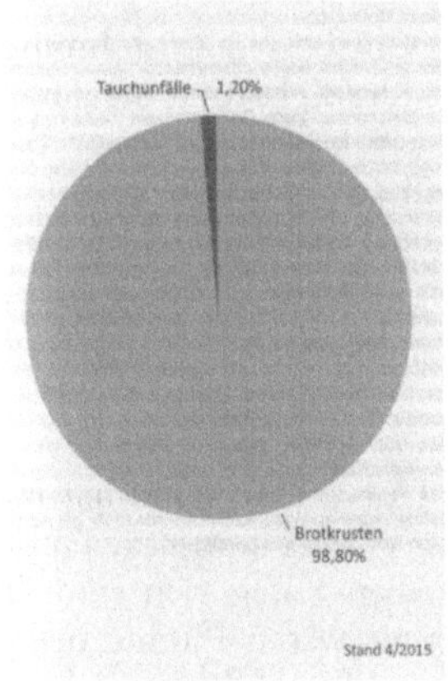

Häufigste Todesarten von Senioren

Teddybärenausstand

Spielwaren könnten bald erheblich teurer werden. Grund dafür sind die erstmals eingeführten Qualitätskontrollen in China sowie gestiegene Löhne. Die Beschaffungskosten für Blei haben sich verzehnfacht, in China mussten schon die ersten Betriebe dichtmachen. Doch damit nicht genug: Die Weltlegoreserven scheinen so gut wie aufgebraucht, die Legominen in Dänemark melden Kurzarbeit. Ausgerechnet zum Weihnachtsgeschäft haben sich die Lokführer bei Märklin, Fleischmann und Playmobil dem Streik der GdL angeschlossen. Aus dem ganzen Land häufen sich die Beschwerden von Kunden, deren Güterzüge stillstehen. Auch Carrera spürt erste Anzeichen einer Krise. Der Autorennbahnhersteller fürchtet erhebliche Auftragsrückgänge nach der Einführung von Tempo 130. Panik herrscht bei Steiff, nachdem die Hälfte des Tierbestandes wegen Maul- und Klauenseuche gekeult werden musste. Die Gewerkschaft der Teddybären will in Kürze ebenfalls in den Ausstand treten. Man fordert kürzere Kuschelzeiten sowie eine bessere Entlohnung bei Nacht- und Sonntagsarbeit. »Die Belastung sei gerade nachts erdrückend«, erklärte ein völlig zerzauster Bär, der nicht genannt werden will.

Tierische Journalisten

Erstaunliche Dinge hört man zur Zeit aus der Tierforschung. An der Universität Wien hat man kürzlich herausgefunden, dass Hunde komplexe Farbfotos unterscheiden und in dieselben Kategorien einordnen können wie der Mensch. Damit wären Hunde beispielsweise in der Lage, die erste Seite der FAZ zu gestalten, wahrscheinlich tun sie es sogar schon. Weil für Hunde keine Tarifverträge oder Arbeitszeitenregelungen gelten, sind sie billiger in der Haltung und werden bald schwanzwedelnd durch die Redaktionen tollen. Dann heißt der Art-Director Lumpi und der Layouter Bello oder Schufti. Die Sekretärin sagt auch nicht mehr, »der ist gerade in einer Besprechung«, sondern »der holt gerade mal ein Stöckchen«. Beim SPIEGEL könnte der cholerische Kulturchef durch einen gleichnamigen Pudel ersetzt werden. Wenn der anfängt herumzubellen, ruft man einfach »Platz, Matussek!« und die Sache ist erledigt. Hunde sind wirklich ideale Mitarbeiter, sie freuen sich, wenn Herrchen, also der Chef, reinkommt und fangen an zu knurren, wenn eine feindliche Übernahme droht. Und wenn sie zu alt zum Arbeiten sind, zahlt man ihnen keine Abfindung, sondern lässt sie einschläfern.

Vorsicht Glottissteinschlag!

Wo darf man eigentlich noch legal gendern? In Bayern, Hessen, Sachsen und Sachsen-Anhalt ist es beispielsweise schon verboten, in anderen Bundesländern wird man zum Gendern gezwungen. Das ist verwirrend. Während man in Kassel verhaftet werden kann, wenn man im Beisein von Minderjährigen gendert, dürfen in Mainz generisch veränderte Produkte frei verkauft werden. Höchste Zeit für eine einheitliche Gesetzgebung. Zunächst muss geklärt werden, wie viele Gendersternchen man für den Eigenverbrauch besitzen darf. Wäre es eine sinnvolle Lösung, wenn sich genderinteressierte Bürger über 18 Jahre in Gender-Clubs organisieren würden, wo sie Sternchen, Unter- und Schrägstriche, Doppelpunkte, sowie Binnen-»I«s in begrenzten Mengen lagern und anderen Clubmitgliedern zugänglich machen dürfen? Wie sieht es mit dem Gendern im Straßenverkehr aus, wo liegt da die Obergrenze, ab der man nicht mehr fahrtüchtig ist? Und müssen unsere Kinder nicht vor den Gefahren des Passivgenderns geschützt werden? Ganz klar, Kinder stehen natürlich unter dem besonderen Schutz des Gesetzgebers, deshalb sollte Gendern im Umkreis von 100 Metern von Kitas, Kindergärten und Grundschulen verboten werden. In der Fußgängerzone könnte öffentliches Gendern ab 20 Uhr erlaubt werden, es wäre aber gut, wenn Schilder aufgestellt werden, die vor Glottissteinschlag warnen. Nach 22 Uhr ist die Knacklautstärke natürlich so weit zu reduzieren, dass niemand in seiner Nachtruhe gestört wird.

Kinderherrschaft

Immer wieder lesen wir von Umfragen bei der »für die Werbung relevanten Zuschauergruppe von 14 bis 49

Jahren«. Zum ersten Mal wurde uns bewusst, dass sowohl wir als auch unser Sohn dieser Gruppe angehören. Ganz begreifen können wir allerdings nicht, wieso jemand, der beim Reinkommen Schultasche, Schuhe und Jacke sofort zu Boden gleiten lässt und damit ein gefährliches Hindernis aufbaut, für irgendjemand relevant sein könnte. Warum ist jemand, der das Gemüse wieder in die Schüssel zurückwirft, sobald man ihm den Rücken kehrt, wieso ist so jemand plötzlich relevant? Was verspricht man sich in der Werbeindustrie davon? Sind Menschen, die zwei Stunden nach einem Geodreieck suchen, das vor ihnen auf dem Schreibtisch unter einem Löschblatt liegt, tatsächlich konsumfreudiger? Was hat es für einen Sinn, dass wir beide gemeinsam dieser hochrelevanten Gruppe angehören? Welche Produkte gibt es, die auf uns beide zugeschnitten sind? Gemüse in Nudelform bzw. Töpfe mit Zurückwerfsperre? Schuhe, die sich selbst aus dem Weg räumen? Geodreiecke mit Spracherkennung und Autopilotfunktion? Jedenfalls wissen wir jetzt, warum es mit Deutschland bergab geht. Weil vollkommen irrelevante Politiker über 49 dieses Land nach Vorgaben von relevanten 14-Jährigen regieren.

Altpapier

Die Deutschen »sammeln in vorbildlicher Weise Altpapier«. Das gab soeben der Bundesverband Sekundärrohstoffe und Entsorgung bekannt. Früher sammelte dieses Volk Briefmarken und Fußballbildchen, jetzt also Payback-Punkte, Dosen und vor allem Altpapier. Wobei man Altpapier eigentlich gar nicht sammeln kann, denn normales Papier verwandelt sich erst in dem Moment in Altpapier, wenn man es in den Altpapiercontainer oder die Altpapiertonne wirft. Vorher ist es überhaupt kein Altpapier, sondern die »Süddeutsche Zeitung«, der »Stern«, die

»Zeit« oder »Peter Moosleitners interessantes Magazin«. Oder auch »Der neue Martin Walser«. Sobald man aber den neuen Martin Walser in den Container wirft, verwandelt er sich automatisch in Altpapier. Ein faszinierender Vorgang, der unser Begriffsvermögen weit übersteigt. Anschließend wird es noch unglaublicher, denn wenn ganz viele neue Martin Walsers zu Altpapier geworden sind, kann man sie alle einstampfen und durch schrecklich hochkomplizierte Prozesse in weißes Papier verwandeln, auf das man dann zum Beispiel »Den neuen Grass« drucken kann. Oder einen Antrag zur Bereitstellung einer größeren Altpapiertonne.

Worte wegdenken

»Helikopter sind aus der heutigen Welt nicht mehr wegzudenken.« Diesen Satz entnehmen wir einer Programmankündigung von »3sat« für die Sendung »hitec-Spezial«. Klingt zunächst ganz überzeugend, doch stimmt das überhaupt? Wir haben es versucht und konnten die Helikopter aus der heutigen Welt vollkommen problemlos wegdenken. Es war lächerlich einfach. Man muss sich nur etwas konzentrieren, und dann sind sie weg. Keine Helikopter mehr. Weder im Wohnzimmer noch im Kühlschrank oder unter der Spüle. Es gibt eigentlich nichts, was so leicht wegzudenken wäre wie Helikopter. Gut, dass wir uns erst jetzt die Helikopter weggedacht haben, denn vor drei Wochen saßen wir noch in einem, und wenn wir uns den damals weggedacht hätten, das wäre ja nicht auszudenken gewesen. Aber was reden wir da, natürlich kann man sich die schrecklichen Verletzungen, die ein Sturz aus einem weggedachten Helikopter mit sich gebracht hätte, problemlos ausdenken. Schwerer als Helikopter sind übrigens Blauwale wegzudenken, die wiegen nämlich mehr und stehen außerdem auf der Roten Liste, die müsste man dann auch noch wegdenken. Eine echte Herausforderung ist es dagegen, sich die Vokale wegzudenken, dnn wr s zmlch kmplzrt, dsn Txt z nd z lsn. br rgndw wrdn S ds sehn schffn.

Eierregeln

Seit Kurzem müssen auch Eier auf Wochenmärkten einen Herkunftsstempel tragen. Die erste Ziffer gibt dabei Auskunft über die Art der Tierhaltung. Eine O steht für Ökohaltung, die 4 steht für hartgekochte Eier und die 5 für Überraschungseier. Findet der Verbraucher dagegen eine 10 am Anfang, dann kommt das Ei aus Guantanamo-Bay, also aus Käfighaltung mit Folterandrohung. Ist der Stempel schwarz, sind die Eier aus einem CDU-geführten Bundesland, ist er rot, dann ist das Ei noch vor der NRW-Wahl gelegt worden. Der Buchstabe »L« bedeutet, das Ei stammt von linksdrehenden Hühnern. Eier aus dem Westen sind mit dem Buchstaben »W« gekennzeichnet, ostdeutsche Eier tragen die Kennzeichnung »DDR« oder »SBZ« (Sowjetisch bebrütete Zone). Sie lassen sich meist sehr ungern trennen. Ab sofort muss auf der Packung neben dem Mindesthaltbarkeitsdatum auch die Höchstgeschwindigkeit des Eiertransporters sowie die politische Gesinnung des Züchters angegeben werden. In manchen Ländern wird die Forderung nach dem maschinenlesbaren Ei laut. Das würde die Identifizierung von Eiern, die sich in selbstmörderischer Absicht auf Politiker stürzen, möglich machen, und es würde einfacher, verlorene Eier wieder aufzufinden.

Raider statt Twix

Vor vielen Jahren hatten wir und mit uns eine ganze Generation ein traumatisches Erlebnis. Ohne jede Vorwarnung wurde uns verkündet, der Schokoriegel »Raider« hieße ab sofort »Twix«. Twix war vollkommen identisch mit Raider, aber der Name schien wohl nicht mehr zeitgemäß. Man konnte froh sein, dass der Film Easy Rider nicht in Easy Twix umbenannt wurde. Alles war schnelllebiger, man hatte keine Zeit mehr für zweisilbige Riegel. Mars, Nuts, Twix, so hieß die heilige Dreifaltigkeit der riegelverarbeitenden Industrie. Wer es ruhiger liebte, aß Snickers, Bounty oder Duplo, und für Lebenskünstler und Arbeitslose gab es Hanuta. Wer das sagen konnte, für den spielte Zeit keine Rolle. Dann änderten sich die Zeiten, aus Treets wurde M&M, was völlig unbegreiflich war, und seit geraumer Zeit heißen Salzletten plötzlich Saltlets. Warum? Hatten die Bewohner Lettlands sich bei amnesty international beschwert? Wollten sie nicht mehr als Salzletten verunglimpft und vor dem Bildschirm weggeknabbert werden? Oder deutet sich hier ein allgemeiner Trend an? Heißen Adiletten dann bald Adilets und Scheibletten Scheiblets und Tabletten Tabletts und Koteletten Briketts? Vielleicht nennen sich sogar die Letten demnächst »Lets« und ihren Staat »Letsland«. Mit der Hauptstadt Twix.

Raststättenessen

Viele Raststätten in Europa weisen erhebliche Mängel auf. Das hat der ADAC nach umfangreichen Tests herausgefunden. Testverlierer war die Raststätte Bad Dollingen West an der A5. Dort ist die Einfahrt nur mit gültiger Gelbfieberimpfung und Hepatitis-B-Prophylaxe erlaubt.

Außerdem stand der Wickeltisch zu nahe an der Fritteuse, das Bratfett hätte verunreinigt werden können. Der Seniorenteller in der Rastanlage Demmbacher Höhe (A7) bestand zu 40% aus Gemüse, 35% Sägemehl, 22% Dachpappe und nur zu 2% aus Seniorenrückständen. Auf dem Gelände der Rastanlage Widdenbürgel an der A2 existiert keine Vorrichtung, an der man bei Urlaubsantritt Hunde und kleine Kinder anbinden kann. Bemängelt wurde auch die Raststätte Gräfflikon Süd an der Schweizer A1, wo es keine Möglichkeit gibt, ein Nummernkonto zu eröffnen oder sich auspeitschen zu lassen. Nach Ansicht des ADAC erkennt man eine gute Raststätte unter anderem daran, dass die Kakerlaken weiße Schutzkleidung tragen und dass das Frittierfett noch aus diesem Jahrtausend stammt. Es ist auch nicht verkehrt, wenn, wie in der Rastanlage Hagen Südwest, an jedem Tisch ein Notarzt sowie ein Geistlicher und ein Notar sitzen.

Institut der deutschen Wirtschaft

Seit gestern wissen wir, dass es ein »Institut der deutschen Wirtschaft« gibt. »Toll«, dachten wir, die jammern nicht nur herum, sondern schaffen selber Arbeitsplätze. Die ganze deutsche Wirtschaft hat sich zusammengetan und ein Institut gegründet. Mit Institutsleiter, stellvertretendem Institutsleiter, Sekretärinnen, Praktikantinnen, Kopierern und Faxgeräten. Den ganzen Tag sitzen sie dort in Köln, freuen sich über ihre Arbeitsplätze und überlegen, was sie wohl als nächstes machen könnten: »Hey, wir sollten mal das Fernsehverhalten der 6- bis 9-Jährigen untersuchen.« Und genau das taten sie. Die Ergebnisse standen gestern auf Tafel 404 des ARD-Texts: »Jedes dritte Kind besitzt einen eigenen Fernseher«, und jetzt halten Sie sich fest: »Kinder mit eigenem Gerät sehen deutlich mehr fern als Kinder, die keinen Fernseher haben.« Dank dem

»Institut der deutschen Wirtschaft« haben wir endlich Klarheit. Vielleicht handelt es sich ja sogar um ein Naturgesetz. Wäre es dann möglich, dass Kinder mit eigenem Fahrrad mehr Fahrrad fahren als Kinder ohne eigenes Fahrrad? Dass Kinder mit eigenem Taschengeld mehr Taschengeld ausgeben als Kinder ohne Taschengeld? Und dass Sechsjährige jünger sind als Neunjährige? Wir raten dringend zu weiteren Untersuchungen.

Philosophische Werte

Gestern war ein bedeutender Tag. Überall wurde mit Feierstunden und Festveranstaltungen an ein besonderes Ereignis im Bewusstsein der Menschheit erinnert: Man gedachte des 100. Geburtstags von Theodor W. Adorno. Der Jubilar war leider nicht anwesend, seit 1969 tritt Teddy Adorno überhaupt nicht mehr öffentlich in Erscheinung. Seit gestern wissen wir warum, denn da sahen wir an einem Gartenzaun einen handkopierten Zettel hängen, auf dem ganz groß diese Worte geschrieben waren: »Teddy gefunden!« Und dann ging es etwas kleiner und persönlicher weiter: »Gefunden wurde ich auf dem Bürgersteig der Mainstraße, danach hier abgegeben. Mami oder Papi, wenn du dies liest, dann klingel bitte ganz schnell an der Tür dieses Grundstücks, damit ich möglichst schnell wieder nach Hause komme. Ich warte, bis du mich abholst. Danke.« Schön, dass man Adorno endlich gefunden hat. Leider werden Mami und Papi den Zettel nicht mehr lesen können, sie müssten weit über 120 sein, aber irgend jemand sollte den alten Teddy jetzt wieder nach Hause holen. Sonst sehen wir ihn demnächst gemeinsam mit einem Schäferhund und einem Hamster bei »Herrchen gesucht«. Dabei wusste schon der junge Adorno: »Es gibt kein richtiges Leben mit dem falschen Herrchen.«

Tierische Leistungen

Tiere sind bekannt für ihre unglaublichen Fähigkeiten. Wendy, eine Schäferhündin aus Münster, wurde von ihrem Besitzer auf Drängen von dessen Frau während einer Ferienreise in Spanien ausgesetzt. Die Hündin fand den Weg zurück nach Münster, nahm eine Stelle in der Firma ihres Herrchens an, arbeitete sich bis zur Chefsekretärin hoch und hatte drei Jahre lang ein Verhältnis mit ihrem Vorgesetzten, bis sie sich als Wendy zu erkennen gab. Der Chef brach in Tränen aus, nahm das Tier wieder mit nach Haus, kaufte ihm eine geräumige Hütte und einen neuen Fressnapf und trennte sich von seiner Frau.
Im Herbst 2003 entwich ein Chamäleon aus einem Terrarium in Grävenwiesbach. Das Tier kam in seiner neuen Umgebung hervorragend zurecht, trat dem CDU-Ortsverein bei und ist heute Innenminister eines ostdeutschen Bundeslandes. Seine Kollegen sind nur manchmal leicht irritiert, wenn er die Fliegen auf dem Kabinettstisch mit der Zunge fängt.

Eight Miles high und Spaß dabei

Die Legalisierung von Cannabis ist beschlossene Sache, der allgemeine Umgang mit der Droge ungewohnt. Abgeordnete rätseln, ob sie nur noch bekifft an Bundestagsdebatten teilnehmen dürfen. Autofahrer sind unsicher, wie viele Joints sie ungestraft vor Fahrtantritt rauchen können. Die Wirkung setzt ja erst nach ca. 20 Minuten ein, bis dahin kann man sich noch schnell beim Discounter mit Schokoriegeln eindecken und fast wieder nach Hause fahren. Heben sich Alkohol und Cannabis in ihrer Wirkung auf? Könnte man mit zehn Bier drei Joints egalisieren? Hier ist die Forschungslage noch sehr dünn, auch weil man Labormäuse nur unter großen Schwierigkeiten dazu kriegt, an einem Joint zu ziehen. Trotzdem ist Cannabis schon jetzt aus dem Straßenverkehr nicht mehr wegzudenken. Es kommt häufiger zu Blechschäden beim Einparken, weil SUV-Fahrer mit erweitertem Bewusstsein von einem erweiterten Parkraum ausgehen. Doch die Realität hat sich vielerorts noch nicht an die Wahrnehmung der Cannabis-Konsumenten angepasst. Mobilitätsforscher beobachten ein stark gesunkenes Durchschnittstempo auf den Autobahnen. Es sind anscheinend sehr viel mehr tiefenentspannte Fahrer unterwegs, Streamingdienste melden außerdem eine erhöhte Nutzung von Reggae-Musik. Auf dreispurigen Straßen sollen demnächst bekiffte ganz rechts, alkoholisierte in der Mitte und nüchterne Lenker links fahren. An Ampeln kommt es allerdings häufiger zu längeren Wartezeiten, weil bekiffte Fahrer die irren Farben intensiv genießen wollen.

Hausarztrudel gesucht

Das Gesundheitsministerium warnt vor großen Lücken in der medizinischen Versorgung. Die Kassenärztliche Vereinigung Niedersachsen (KVN) teilt die Sicht. Schon jetzt fehlen vor allem Hausärzte. Wie kann es gelingen, den Hausarzt wieder in Niedersachsen heimisch zu machen? Wie kommt es, dass sich hier so wenige Hausärzte niederlassen und warum vermehren sie sich nicht? Die Krankenkassen vermuten, dass es am Biotop liegt. In den Weiten Niedersachsens, wo mehr Mastschweine, -hühner und Truthähne als Menschen leben, ist das Nahrungsangebot für Hausärzte dürftig. Nur selten verirren sich Privatpatienten in die Wartezimmer, die der Mediziner aufgestellt hat, um Beute anzulocken. Immerhin ist es in Niedersachsen schon einmal gelungen, eine ausgestorbene Art heimisch zu machen. Heute leben über 50 Wolfsrudel zwischen Nordsee und Harz. Die Wiederansiedlung ist gelungen, wenn auch nicht unumstritten. Die Frage ist: Könnten Wölfe Hausarzttätigkeiten übernehmen? Oder könnten sie die Hausärzte wenigstens mit Patienten mit interessanten Bisswunden versorgen?

Tiere und Volksmusik

Wann immer man den Fernseher anschaltet, auf irgendeinem Programm wird gerade ein Tierfilm gezeigt. Und auf irgendeinem anderen gibt es mit ziemlicher Sicherheit eine Volksmusiksendung. Verwunderlich, dass man noch niemals versucht hat, beide Genres miteinander zu verbinden. Warum zeigt man nicht Tiere, die Volksmusik machen? Das müsste großartig funktionieren. Wahrscheinlich dauert es eine Weile, bis man die ersten Tiere so dressiert hat, dass sie sich Dirndl und Trachtenjoppen anziehen lassen. Bis dahin müsste man das Ganze erst mal technisch lösen. Die Tiere bewegen nur das Maul oder den Schnabel, und die Musik kommt vom Band. Also im Prinzip genauso wie Volksmusiksendungen mit Menschen. Außerdem leben die meisten Tiere praktischerweise in der freien Natur, was oft schon sehr malerische Bilder gibt. »Tiere so schön wie der Norden« mit singenden Krabben und schunkelnden Heringen wäre bestimmt eine äußerst erfolgreiche Sendung, genauso wie »Melodien der Igel« oder der »Bisamrattenstadl«. Als Gegenleistung übernehmen die Volksmusiker dann die Plätze der Tiere und lassen sich fürs Fernsehen von Wilderern durch die Savanne hetzen oder bei der Paarung und bei Aufzucht ihrer Jungen filmen.

Flaggenwarnungen

Sollten Sie vorhaben, Ihren Sommerurlaub am Wasser zu verbringen, dann lernen Sie die folgenden Informationen, die wir dem ARD-Text entnommen haben, auswendig: Die DLRG hat neue Kennzeichen zur Sicherung von Ladestellen vorgestellt. Eine rot-gelbe Flagge am Mast einer Wachstation zeigt ein Badegebiet an, das von Rettungsschwimmern gesichert wird. Eine zusätzliche gelbe Flagge signalisiert ein Badeverbot für ungeübte Schwimmer, Kinder und ältere Personen. Eine einzelne rote Flagge zeigt ein generelles Badeverbot an. Strandabschnitte, die für die Sondernutzung von Wassersportgeräten geeignet und bestimmt sind, werden durch eine schwarz-weiß geviertelte Positionsflagge gekennzeichnet. Mit einer weißen Flagge wird der Strand für farbenblinde Schwimmer markiert. Eine rot-weißgelbe Fahne signalisiert, dass Sie Langnese-Eis kaufen können, eine blau-gelbe Fahne mit der Aufschrift Ikea zeigt Ihnen, dass Sie sich im Bällchenbad eines schwedischen Möbelgroßmarkts befinden. Ein Salzstreuer auf rotem Grund: Vorsicht Salzwasser! Sehen Sie eine Totenkopfflagge, müssen Sie damit rechnen, von Gunther von Hagens plastiniert zu werden. Hängt eine schwarze Flagge auf Halbmast, ist das Wasser umgekippt oder Sie sind am Toten Meer.

Persönliche Flut

Es war ein denkwürdiger Abend. Mächtig prasselte der Regen gegen das Dach und schaute schließlich bei uns im Arbeitszimmer herein. Wir rannten in den Keller, um Auffanggefäße zu holen, und dort kam alles noch viel besser. Ein Sturzbach ergoss sich durch das Fenster des Heizungsraums, und zwei Paare äußerst hässlicher Gesundheitsschuhe kamen uns entgegengeschwommen. Früher mussten sie uns gehört haben, jetzt hatte das Wasser glücklicherweise von ihnen Besitz ergriffen. Und dann ging es wie im Fernsehen. Eine Welle der Hilfsbereitschaft brach über uns herein, in nur zehn Minuten standen acht Nachbarn in unserem Keller, ausgerüstet mit Eimern, Löschblättern, Wischmoppen (oder Wischmops bzw. Wischmöpsen?), Rainer von gegenüber pumpte uns seine Pumpe, das Telefon klingelte und Schröder war dran, wie hoch denn das Wasser bei uns stünde? Fragte Herr Schröder von der Freiwilligen Feuerwehr. Es war wie in Dresden. Die Kinder konnten nur mit Mühe davon abgehalten werden, aufs Dach zu klettern und den RTL-Hubschraubern, mit denen wir minütlich rechneten, zuzuwinken, während wir versuchten, bei eBay Sandsäcke zu ersteigern. Am Ende bekamen wir sogar Hochwasserhilfe. In dem einen hässlichen Schuh fanden sich tatsächlich fünf Westmark.

Antike Bürsten

Gestern Mittag im ARD-Text: »Älteste Zahnbürste Europas gefunden«. Wir rannten sofort voller Panik ins Badezimmer und tatsächlich, sie war nicht mehr da! Sie hatten das Ding tatsächlich entdeckt. Selbst die Kinder hatten immer häufiger gemahnt: »Papa, du musst dir endlich mal eine neue Zahnbürste kaufen.« Jetzt waren uns irgendwelche Altertumsforscher zuvorgekommen. Aber woher wussten sie überhaupt von der Existenz der Bürste? Gibt es so etwas wie ein »Zentrales Zahnbürstenregister«? Zum Glück klärte sich alles auf. Die »250 Jahre alte Bürste« war »bei Grabungen in Quedlinburg in einem Barock-Palais« gefunden worden. Und unsere Zahnbürste fand sich heute morgen im Keller wieder, wo jemand eine Fahrradkette damit gereinigt hatte. Die Zahnbürstenforscher hatten geglaubt, dass Zahnbürsten in Europa erst seit 1850 in Gebrauch gewesen seien. Doch Zähneputzen hat bei uns schon seit 250 Jahren Tradition. Anscheinend gab es aber nur diese eine Bürste. Es konnte also Jahre dauern, bis man an die Reihe kam. Natürlich kannte man auch noch keine elektrischen Bürsten, damals wurden die Zahnbürsten von Pferden durch den Kiefer gezogen, und Karies konnten sich nur Adlige leisten. Mehr darüber in »Abenteuer Wissen« im ZDF, denn: »Mit den Dritten sieht man besser.«

Seuchensorgen

Welches waren die größten Fehler im Umgang mit der Corona-Pandemie? Natürlich könnte man sagen, der ganze Umgang war ein einziger großer Fehler, aber das bringt uns nicht weiter. Grundsätzlich müssen wir uns fragen, warum ist man eigentlich immer nur hinterher klüger und niemals vorher, warum gibt's dagegen noch nichts von Biontech? Aber das nur nebenbei, es geht um viel gravierendere Probleme. Gab es irgendein Schnelltestcenter, in dem nicht betrogen wurde? Haben die ständigen Nasenabstriche zu einer vererbbaren Deformation unserer Riechorgane geführt. Was passiert heute in unseren Gehirnen, wenn wir irgendwo zwei rote Striche sehen? Konnten alle Virologen, die nicht mehr gebraucht wurden, eine Umschulung zum Militärexperten machen? Was wurde eigentlich aus den Restbeständen von Astra Zeneca? Benutzt man die jetzt zum Entkalken der Wasserkocher im Gesundheitsministerium? Welche Superkräfte hat eine Impfung mit Johnson & Johnson freigesetzt, gibt es da Informationen? Und ist der Überfall auf die Ukraine eine Nebenwirkung des russischen Vakzins Sputnik? Wäre es dann nicht sinnvoll, wenn sich die Bundeswehr einen Sputnik-Bestand zulegen würde, um im

Ernstfall die nötige Skrupellosigkeit und Kriegslüsternheit im Kampf gegen die Russen zu entwickeln?

Unwissen

Deutschlands Schüler sind dof, dof, dof – so dof, dass sie nicht mal wissen, wie man das schreibt. Deutsche Schüler sind hohle, verblödete, taube Nüsse. Das hat ein Lernleistungsvergleich ergeben, dessen Ergebnisse uns noch nicht in allen Einzelheiten vorliegen, doch wir dürfen deutsche Schüler gefahrlos auf das Übelste beschimpfen, sie können es nämlich noch nicht mal lesen. Denn im Bereich »Lesekompetenz« belegen sie im Ländervergleich den 21. Platz unter 35 Teilnehmern. In Mathematik reicht es nur zu Platz 20. Schuld an der Blödheit der deutschen Schüler sind die Eltern und das Fernsehen. Gestern informierte uns nämlich der Sender RTL, dass er mal wieder »mit großem Abstand Marktführer bei den 14- bis 49-Jährigen« sei, und zwar »den 111. Monat in Folge«. Das macht insgesamt 9 Schuljahre! Seit 9 Schuljahren ist RTL Marktführer bei den 14- bis 49-Jährigen, und jetzt sind die RTL-Schüler auf dem 21. Platz angelangt: Marktführer in Leseschwäche! An der erwähnten Studie nahmen nur 15-Jährige, also Neuntklässler, teil, die in ihrer ganzen Schulzeit nur RTL geguckt haben und zwar mit Erlaubnis ihrer 14- bis 49-jährigen Eltern. Das mag jetzt alles wie eine üble Milchmädchenrechnung klingen, aber zu mehr reicht es bei uns nicht, wir gucken schließlich schon seit über neun Schuljahren RTL.

Vorleseschwäche

Junge Menschen kommen heute viel später in Kontakt mit Büchern als frühere junge Menschen. Zu diesem Ergebnis gelangt die Studie »Bock auf Buch!« Sogar wenn ihm in der Kindheit regelmäßig von den Eltern vorgelesen wurde, hat das nicht mehr die erhoffte Wirkung auf den Nachwuchs. Das könnte nach Ansicht von Fachleuten daran liegen, dass die Eltern von heute nicht mehr so gut vorlesen können und sich nichts dabei denken, eine angeblich ernsthafte Studie mit »Bock auf Buch« zu betiteln. Warum nicht gleich »Schmacht auf Schmöker« oder »Geifern nach Gesamtausgaben« oder »Fiebern nach Folianten«? Statt Alliterationen anzubeten, sollten Eltern lieber an ihrer Vorlese-Performance arbeiten, verstellte Stimmen und Betonung einsetzen und krächzende Geräusche machen, sobald irgendwo Drachen vorkommen und das ist in Werken ab zehn Jahren eigentlich die Regel. Die Eltern müssen jedenfalls besser vorlesen lernen, damit ihre Kinder früher Lust auf leckere Lektüre bekommen und danach ganz wild auf Wälzer werden.

Massenasselplage

In den Tiefen des Polarmeeres hat ein Forscherteam vom Zoologischen Institut der Universität Hamburg mehr als 700 bislang unbekannte Lebewesen entdeckt. Darunter waren 585 verschiedene Asselarten. Man fragt sich natürlich, ob wir nicht eigentlich schon genug Asseln haben und ob es wirklich nötig ist, dass ein hochbezahltes Wissenschaftlerteam sich damit beschäftigt, 585 neue Asselarten zu entdecken. Zugegeben, man kennt eigentlich nur die Kellerassel, dabei gab es immer schon die Mauerassel, die Ameisenassel, die Strandassel, die Riesenassel und die

Rollassel, die man laut Grzimeks Tierleben leicht mit den Saftkuglern verwechseln kann. Bestimmt ein beliebter Scherz unter Asseltologen oder wie immer man Asselexperten nennt. Ob es einen Unterschied macht, wenn man nach einem verfehlten Leben als Saftkugler oder als Rollassel wiedergeboren wird, weiß ich nicht genau, aber Donald Trump wird es erfahren.

Die Forscher haben aber noch ganz andere bislang völlig unbekannte Lebewesen entdeckt. Beispielsweise einen Immobilienmakler, der seine Kunden völlig fair und korrekt berät, allerdings war die Kreatur außerhalb des Meeres nicht überlebensfähig und verendete qualvoll. Eine Gruppe farbenprächtiger FDP-Mitglieder wurde ebenfalls gesichtet, die Tiere waren jedoch sehr scheu und konnten nicht fotografiert werden. Es handelt sich aber wohl um rückgratlose Flohwesen, die sich von Fischkadavern ernähren. Der Name »Liberalasseln« ist nur eine Art Arbeitstitel und wissenschaftlich nicht ganz korrekt.

Völlig verblüfft waren die Forscher, als sie auf einen komplett ungedopten Radrennfahrer stießen, der in den Tiefen des Polarmeeres unverdrossen seine Runden drehte. Da kein Weibchen nachgewiesen werden konnte, wird sich dieses ungewöhnliche Exemplar wohl auch nicht mehr fortpflanzen, es sei denn durch Zellteilung oder Kettenschaltung. Auch hier muss man natürlich davon ausgehen, dass außerhalb der Tiefsee keine Überlebenschance bestanden hätte. Außerdem wurde auch noch ein Norweger gefunden, der weder Biathlet noch Schriftsteller noch Jazzmusiker ist. Ein bizarres Wesen, eine verrückte Laune der Natur!

In modernen Labors versucht man der Massenasselplage mit modernsten Mitteln beizukommen. Der Beruf des Asselassistenten wird immer wichtiger, birgt aber ein hohes Gesundheitsrisiko.

Top-Guns

Der aktuelle Bericht der Wehrbeauftragten kann literarisch nicht überzeugen. Er ist von großer Redundanz geprägt und vom Vorjahresbericht kaum zu unterscheiden. Tenor: Es sind prima Jungs und Mädels, aber die Ausrüstung, der Nachwuchs und die Kasernen lassen stark zu wünschen übrig. Da haben die meisten Leser und Zuhörer innerlich schon längst abgeschaltet. Sollten diese Zustände außerdem nicht besser geheim bleiben, damit die Russen, die Chinesen und die Mullahs niemals erfahren, wie es um die Bundeswehr bestellt ist? Was soll dieser sinnlose Anfall von Ehrlichkeit? Der Bericht der Wehrbeauftragten muss von hinten und vorne erlogen sein: Junge, hochmotivierte, gut ausgebildete und attraktive Soldatinnen und Soldaten mit ausgeprägtem Demokratiebewusstsein befinden sich in ständiger Kampfbereitschaft. Sie warten in ihren Designer-Kasernen auf den Marschbefehl und in der Zwischenzeit haben sie in der Eifel erfolgreich gegen Drachen gekämpft und drei böse Zauberer entwaffnet. Einziger Wermutstropfen: Drei Tarnkappenbomber konnten bis jetzt nicht gefunden werden.

Luftmatratze

Herbert Grönemeyer kritisierte, dass die Deutschen ihr Land immer »runterreden« müssen und in Depression verfallen. Schlimm! Und woher kommt das? Das kommt alles von unserer unseligen Neigung, die Luftmatratze mit dem Mund aufzublasen. Der Bundesverband Deutscher Apothekerverbände hat soeben davor gewarnt: »Das schnelle Ein- und Ausatmen kann selbst bei durchtrainierten Menschen zu Schwindel führen.« Wer trotz Schwindel weiterbläst, fängt an zu hyperventilieren, »verbunden mit

Herzrasen, Übelkeit und Angstzuständen«. Da haben wir's! Ist das Leben in diesem Land nicht ein einziger Angstzustand? Rast unser Herz nicht? Und wird uns nicht dauernd übel? Luftmatratze, du hast ganze Arbeit geleistet! Ein blühendes, kraftstrotzendes Gemeinwesen hast du in ein Altersheim voller sabbernder Angsthasen verwandelt. Na, Mahlzeit, Luftmatratze! Ist das der Dank, dass wir dir unseren Odem eingehaucht und dir die schönsten Urlaubsgebiete gezeigt haben? Zum Glück hat dir der Apothekerverband die Maske von deiner widerlich aufgeblasenen Visage gerissen. Jetzt kennen wir dein wahres Gesicht. Luftmatratze, du bist der Saddam Hussein der Liegehilfen! Dich werden wir bekämpfen, bis dir die Luft ausgeht!

Männerarbeit

Eine seriöse Studie hat ergeben: deutsche Männer wenden pro Woche eine halbe Stunde mehr Zeit für Haushalt und Kinder auf als noch vor zehn Jahren. Das bedeutet, sie helfen jetzt exakt 35 Minuten mit. Frauen arbeiten dagegen fünf Stunden weniger im häuslichen Bereich als noch vor zehn Jahren. Diese Zahlen geben uns zu denken. Sie geben uns sehr zu denken. Männer schaffen anscheinend in einer guten halben Stunde, wofür die Frauen fünf Stunden brauchten. Das ist eine amtliche Milchmädchen- oder wohl eher eine Milchjungenrechnung. Sind Männer unter Umständen viel effektiver in Hausarbeit und Kindererziehung, als man bisher glaubte? Vielleicht eignen sie sich gar nicht so gut für Führungspositionen im Globalplayerbereich oder an Dampfwalze und Presslufthammer? Männer wurden jahrtausendelang falsch eingesetzt. Statt die Welt zu beherrschen und Gott zu vertreten, wären sie besser beim Kühlschrankabtauen oder Buntwäschebügeln aufgehoben. Männer sind wahrscheinlich auch schneller beim

Gebären. In drei Monaten ist alles erledigt und der Junge kann dann ein halbes Jahr früher im Haushalt helfen.

Vogelzählung

Am Wochenende hatte der Naturschutzbund NABU die Deutschen dazu aufgerufen, eine Stunde lang alle Vögel in ihrer unmittelbaren Umgebung zu zählen und die Daten weiterzuleiten. Dabei kam es zu erstaunlichen Ergebnissen. Sehr oft wurde »ein kleiner schwatter Vogel« gesehen, aber auch »so'n gelber, der immer piept«. Es gab Meldungen wie »13 ganz kleine, 24 mittelgroße und drei dicke«, aber der »lange Silbervogel, der ganz viel Krach macht« erwies sich als Boeing 747 auf dem Weg von Frankfurt nach Kapstadt. Große Verwunderung erregte eine Sichtung aus Düsseldorf, wo jemand einen »Riesengrünspecht« entdeckt haben wollte. Es war dann aber doch nur ein Mann im grünen Overall, der mit einer Bohrmaschine Löcher in einen Wandschrank bohrte. Bei den drei Pinguinen, die im Großraum Bielefeld gezählt wurden, handelt es sich wahrscheinlich um Diakonissen oder Kellner. Besonders häufig wurde in Gärten und auf Balkonen ein großer flugunfähiger Vogel beobachtet, der sich von »Aas« ernährte, das er vorher »auf glühenden Holzkohlen erhitzt« hatte. Beim Naturschutzbund überprüft man zurzeit noch, welcher mitteleuropäische Vogel eigentlich Würstchen grillt und Bier dazu trinkt.

Vollgedröhnt

Das Pferd von Isabell Werth ist positiv auf Drogen getestet worden. Es hat wahrscheinlich regelmäßig Barbiturate genommen, und seine Besitzerin hat davor die Augen verschlossen. Woher hatte das Pferd den Stoff? Wer steckt dahinter? Werden die ganzen Drogen, die man nicht mehr in Radsportler füllen kann, jetzt etwa an die Pferde verfüttert? Was nehmen Pferde eigentlich so? Military-Reiter geben ihren Tieren wahrscheinlich Marihuana, damit die mal lockerer draufkommen. Springreiterpferde bevorzugen LSD, denn beim Springreiten kommt es darauf an, möglichst high zu sein, sonst reißt man den Doppeloxer um. Das Pferd von Frau Werth nahm Fluphenazin, einen Stoff, der zur Behandlung von Schizophrenie eingesetzt wird. Das Pferd hatte eine gespaltene Persönlichkeit und hielt sich für Horst Köhler, konnte aber besser wiehern. Natürlich kann man sagen: Gut, dass Drogenabhängige wenigstens im Reitsport eine Chance haben. Auch sie haben ein Recht, sich zu beweisen. Ihre nächste Goldmedaille wird Isabell Werth wahrscheinlich auf dem Rücken des dreijährigen Wallachs »Junkie« holen, vielleicht reitet sie aber auch die Wunderstute »Methadon«.

Hasenüberfahren

Der Auto Club Europa weist uns auf folgenden wichtigen Umstand hin: Wer einem Tier auf der Straße ausweicht, anstatt es beherzt zu überfahren, kann seinen Versicherungsschutz verlieren. Die Schäden infolge eines Ausweichmanövers sind oft größer als durch eine Kollision mit dem Tier. Die Faustregel lautet: »Hase überfahren, Wildsau umkurven.« Damit werden Autofahrer vor einige äußerst schwerwiegende Entscheidungen gestellt. Gerade nachts auf herbstlichen Straßen erkennt man oft nur schwer, welches potentielle Unfallopfer man da vor der Kühlerhaube hat. Man fragt sich: Zählt der Dachs jetzt eher zu den Wildschweinen oder zu den Kleintieren? Was ist zum Beispiel mit einem kleinwüchsigen Rentner, der urplötzlich auf der Fahrbahn auftaucht? Gilt der noch als Wildschwein oder schon als Hase? Oder ein übergewichtiger Achtjähriger, wie er heutzutage ja sehr häufig anzutreffen ist und dessen Fluchtreflexe natürlich auch nicht besonders stark ausgeprägt sind? Kann man den wirklich noch zum Hasen rechnen oder sollte man ihn doch besser umkurven, um stärkere Beschädigungen zu vermeiden? Und was ist zu tun, wenn ein wildschweingroßes Kind einen Schulranzen mit Hasenmotiven trägt?

Steinzeitautofahrer

Bei Ausgrabungen in der Nähe der A7 westlich von Göttingen haben Archäologen zwei rund 7000 Jahre alte Gräber entdeckt. In der Nähe der Grabstätten wurde auch ein jungsteinzeitliches Haus gefunden. Man nimmt an, dass es sich um zwei der ersten Autofahrer handelt, die vor vielen tausend Jahren auf einer steinzeitlichen Autobahn unterwegs waren. Ob es sich bei dem Haus um eine Raststätte handelte und ob die Autofahrer an dem dort gereichten Essen verstorben sind, müssen die Archäologen noch klären. Man hat es in diesem Falle wohl mit einer sogenannten »Hockerbestattung« zu tun. Verstorbene Autofahrer wurden damals traditionell mit angezogenen Beinen und angezogener Handbremse beerdigt. Als Grabbeigaben fand man ein gut erhaltenes Wackelmammut und eine Steinrolle, die anscheinend mit einem gehäkelten Stück Stoff ummantelt war. Als Navigationssystem benutzte man in der Steinzeit Kraniche, die allerdings meist falsch programmiert waren. Möglicherweise sind die beiden Steinzeitmenschen in einem Stau verhungert, denn ganz in der Nähe fanden Archäologen auch das Skelett einer Ampel, die immer noch Rot zeigte.

Männer sterben früher

Die DAK kommt in ihrem neuesten Gesundheitsreport zu dem Ergebnis: Männer sterben im Schnitt sechs Jahre früher und trinken mehr Alkohol als Frauen. Es ist natürlich nicht schön, dass so viele Männer durch Schnittverletzungen sterben, aber andererseits auch nicht verwunderlich bei der Sauferei. Der erhöhte Alkoholkonsum lässt sich ebenfalls einfach erklären, denn Männer müssen in der ihnen verbliebenen kürzeren Lebenszeit einfach mehr und schneller trinken als Frauen. Die DAK fasst zusammen: »Männer bringen lieber ihr Auto zum TÜV als sich selbst zur Vorsorge anzumelden.« Ärzte wollen sofort auf die neuen Erkenntnisse reagieren. Männer sollen sich in den Vorsorgepraxen demnächst auf eine Hebebühne legen können und werden dann von einem ölverschmierten Facharzt abgeklopft. Der untersucht die Bremsbacken und überprüft, ob der Mann irgendwo undicht ist. Findet der Prüfer keine gravierenden Mängel, bekommt der Mann ein TÜV-Siegel auf die Stirn geklebt und hat für zwei Jahre Ruhe. In dieser Zeit kann er dann auch nicht sterben, es sei denn durch Unfall oder Materialfehler. Ein Krankenkassensprecher betonte, eine gültige TÜV-Plakette erhöhe auch den Wiederverkaufswert des Mannes.

Silvester-Tierschutz

Der Deutsche Tierschutzbund hat darum gebeten, an Silvester Rücksicht auf Tiere zu nehmen: »Uferregionen, Tierheime, Ställe und Weiden sollten generell knallerfreie Zonen sein.« Eigentlich dachten wir, gerade die Bewohner des Tierheims mit ein paar tüchtigen Kanonenschlägen aufzuheitern und die dort eingelieferten Kampfhunde durch gezielte Heuler und Wunderkerzen friedlich zu stimmen. Auch den Tieren in den Uferregionen wollten wir mit ein paar Knallfröschen Abwechslung verschaffen, doch darüber denken wir jetzt natürlich anders. Der Tierschutzbund erklärt, Hunde und Katzen hätten ein viel empfindlicheres Gehör als Menschen. Deshalb wird auch darum gebeten, die Tiere nicht den Silvestersendungen von ARD und ZDF auszusetzen. Ein Trompetensolo von Stefan Mross oder ein Interview mit Jeanette Biedermann können die Lebenserwartung eines Riesenschnauzers um drei Jahre verkürzen. Vögel, Kleintiere und ältere Menschen sollten weit vom Fenster entfernt stehen und abgedeckt werden. Es wird davon abgeraten, Hamster, Meerschweinchen oder Rennmäuse an Raketen zu binden und in die Luft zu schießen. Die Tiere könnten die Flugbahn der Feuerwerkskörper verändern, und außerdem liefern sie keine guten Lichteffekte.

Schneckenpost

Der Bundestag berät über eine Gesetzesnovelle, die es der Post erlauben soll, Briefe noch langsamer zuzustellen. Damit will das Unternehmen Kosten sparen und auf die angeblich veränderte Nachfrage reagieren. Aber wie wird die Zustellung ausgebremst? Wie muss man sich das technisch vorstellen? Für den Laien klingt das jedenfalls nach einer ziemlich großen Herausforderung. Sollen die Zusteller in Zukunft langsamer gehen und nur noch jeden zweiten Briefkasten bedienen? Werden sie mit Blei beschwerte Schuhe anziehen müssen, damit sie nicht so schnell unterwegs sind und die Fahrradreifen dürfen auch nur noch halb aufgepumpt werden? Es fragt sich, ob das neue Gesetz wirklich dabei helfen kann, Kosten einzusparen. Wahrscheinlich muss die Post nämlich zusätzliche Arbeitskräfte einstellen, die Zustellwege blockieren und die Briefträger zwingen, Umwege zu machen, damit die Briefe auch wirklich später ankommen. Und die Zusteller und Zustellerinnen können demnächst nur noch im Tandem arbeiten. Einer wirft die Post ein, der andere holt sie wieder raus und schickt sie an die Absender zurück.

Gefährliche Warnvorstellungen

Der ADAC hat Warnwesten getestet und Mängel festgestellt. Vor allem die Reflexionsstärke war völlig unzureichend. Das haben sie mit großen Teilen der deutschen Bevölkerung gemeinsam, bei der die Reflexionsstärke auch nicht besonders stark ausgeprägt ist. Deutsche Bürger und ihre Westen reflektieren nicht so gerne. Doch die Warnwesten weisen noch weitere Mängel auf. Häufig passen sie farblich und auch von der Gestaltung her nicht zum Warndreieck. Hier heißt es also Augen auf beim Westenkauf. Man untergräbt die warnende Wirkung des Dreiecks, wenn das Design der Weste zu wünschen übrig lässt. Vorbeirasende Autofahrer sind geschockt von dem geschmacklosen Anblick und kommen gar nicht erst auf die Idee, anzuhalten und Hilfe zu leisten. Ein weiteres Manko: die Westen lassen sich nicht oder nur schlecht mit anderen Kleidungsstücken kombinieren. Und wer gar Wert auf ein komplettes Ensemble legt, wird besonders enttäuscht sein. Es gibt selbst in gut sortierten Mercedes-

Filialen kein dreiteiliges Set zu kaufen, bestehend aus Warnweste, Warnhose und Warnsakko.

Titanic 3.0

Das größte Kreuzfahrtschiff der Welt ist zu seiner Jungfernfahrt aufgebrochen. Die zwei Milliarden teure »Icon of the Seas« (Geißel der Meere) soll zehnmal größer als die Titanic sein. Wenn das Schiff mit einem Eisberg kollidiert, sinkt der Eisberg sofort. Für den unwahrscheinlichen Fall eines Untergangs steht eine 50-köpfige Filmcrew nebst Leonardo di Caprio-Doppelgängern bereit, die alle Details der Katastrophe festhält und bei Netflix einspeist. Das Schiff bietet Platz für Tausende von zahlenden und 22 blinden Passagieren. Es gibt 35 Schwimmbäder, einen 117 Meter hohen Wasserfall, zwölf Änderungsschneidereien, die rund um die Uhr geöffnet haben, weil wegen des üppigen Speiseangebots der 89 bordeigenen Restaurants die Kleidergrößen der Passagier rapide wechseln. Drei Buslinien verbinden das Heck mit dem Bug, es finden sich aber auch mehrere Wanderwege, mit Einkehr- und Übernachtungsmöglichkeiten. An Bord arbeiten 15 Geistliche und 46 Scheidungsanwälte, außerdem gibt es sieben Beichtstühle, in denen man sich seine Umweltsünden schon unterwegs vergeben lassen kann.

Nicht für Weiße aufstehen

Das Benehmen junger Menschen lässt vielfach zu wünschen übrig. In Paris liefern sie sich Straßenschlachten mit der Polizei, in Deutschland liefern sie schlechte Ergebnisse im Pisa-Test, und zuhause liefern sie uns täglich neue Anlässe zur Unzufriedenheit. Sie räumen nicht auf, sie waschen nicht ab, sie machen den Fahrradschuppen nicht zu und essen zu wenig Gemüse. Gestern sah einer dieser jungen Menschen, der zufällig in unserer Familie lebt, in den Nachrichten, wie zehntausend Amerikaner von der Bürgerrechtlerin Rose Parks Abschied nahmen. Mit Interesse vernahm er, dass diese Frau eine historische Tat vollbracht hatte. Sie war im Bus nicht für einen Weißen aufgestanden. Unser Sohn wirkte beeindruckt und fühlte sich bestätigt, denn auch er steht im Bus grundsätzlich nicht für Weiße auf, er steht für überhaupt niemanden auf. Dank ständigem Werteverfall und fehlender Leitkultur ist zu befürchten, dass man ihn eines Tages vor dem Reichstag aufbahren wird, wo hunderttausend Mitbürger bewegt Abschied von ihm nehmen. Weil er mit seiner Tat »mutig gegen die Diskriminierung von Rüpeln und Taugenichtsen in unserer Gesellschaft gekämpft hat«.

Neues aus Pisa

Die Ergebnisse des aktuellen Pisa-Tests überraschen. Sachsen und Thüringen liegen im Leistungsvergleich vorne, Bremen und Hamburg hinten. Bremer Schüler sind mehrere Schuljahre zurück, sie können weder lesen noch schreiben, selbst der Gebrauch einfacher Werkzeuge ist ihnen häufig unbekannt. In Hamburg wurde vor kurzem immerhin das Rad eingeführt, allerdings wird es von der Bevölkerung nur sehr zögerlich angenommen. In Nordrhein-Westfalen, wo viele SPD-Ortsvereine noch von fellbekleideten Schamanen geleitet werden und die Schüler im Winter beim Schein glühender Kohlen ihre Hausaufgaben machen müssen, sind die Pisa-Ergebnisse auch nicht gerade ermutigend. In Schleswig-Holstein, das noch nicht als vollständig christianisiert gilt, glauben 55 Prozent der Gymnasiasten, dass die Erde eine Scheibe ist, in Niedersachsen antworteten 21 Prozent der Schüler auf die Frage nach den Namen der Kontinente: »Afrika, Amerika, Borkum, Norderney und Langeoog.« Die hervorragenden Ergebnisse in Sachsen führen Experten auf die traditionell guten Abhörfähigkeiten im Osten zurück, außerdem legten die Schüler von jeder Stunde eine Akte an.

Ohren geradeaus

Reptilien konnten schon deutlich früher hören als bislang angenommen. Vor 260 Millionen Jahren entwickelte sich diese Fähigkeit, die bei vielen Männern, nach Ansicht ihrer Frauen, bis heute nicht besonders ausgeprägt ist. Das Hören soll den Reptilien geholfen haben, auch dunkle Orte zu besiedeln, denn vor 260 Millionen Jahren konnten sie noch kein Licht anmachen. Der Mensch kann das Licht überall anknipsen, und er kann sogar hören, wie er das Licht anknipst. Doch Ohren haben den großen Nachteil, dass man damit alles hört. Vor 300 Millionen Jahren wäre Dieter Bohlen ein völlig unbedeutender Saurier ohne Überlebenschance gewesen. Heute pflanzt er sich fort, und auf der ganzen Welt muss man die Geräusche hören, die er macht. Die Welt ist voller Lärm: Laubstaubsauger, Schlagbohrmaschinen, Gartenabfallzerkleinerer, Handyklingeltöne, Pürierstäbe, Kettensägen, Hitradio FFH oder Milchaufschäumdüsen. Dieser Krach kann uns heute nur deshalb belästigen, weil die Reptilien damals unbedingt im Dunkeln wohnen wollten. Doch inzwischen haben wir genug gehört, Ohren sind eigentlich Auslaufmodelle der Evolution. Wir brauchen sie nur noch, damit uns die Sonnenbrille nicht runterfällt.

Entgangene Urlaubsfreuden

Um diese Jahreszeit häufen sich Sendungen, in denen Menschen sich über ihren Urlaub beklagen. Auf dem Bildschirm geben sich Rechtsexperten, Verbraucherschützer und Psychologen das Mikrofon in die Hand und definieren, was »entgangene Urlaubsfreuden« wirklich sind. Bekommt man Schadensersatz, wenn man in der Türkei feststellen muss, dass da lauter Türken leben? Mindert es den Urlaubswert, wenn am Strand von Amrum nur zwei Sorten Muscheln gesammelt werden können? Wie viel Schadensersatz steht einem zu, wenn man während eines Jemen-Urlaubs mehrfach nicht entführt wurde? Wie viel Prozent der Reisekosten darf man abziehen, wenn man in einer finnischen Techno-Disco wegen des Lärms nicht einschlafen konnte? Hat der Urlauber während einer Audienz beim Papst immer Anspruch auf eine Anlageberatung durch den Heiligen Vater? Darf ein frühpensionierter Lehrer (Latein/Kunst) 50 Prozent der Reisekosten einbehalten, wenn drei alleinstehende Frauen in seiner Reisegruppe waren und es trotzdem nicht zum Geschlechtsverkehr kam? Ist es ein Kostenminderungsgrund, wenn man beim Kauf einer Beatles-CD in einer spanischen Boutique von der Verkäuferin nicht darauf hingewiesen wurde, dass nur noch zwei Mitglieder dieser Gruppe leben?

Privat vs. Kasse

Nach einer Umfrage sind Privatpatienten beim Arzt schneller dran als Kassenpatienten. Das muss kein Nachteil sein, denn je schneller man beim Arzt drin ist, desto schneller ist man auch krank. Wer drei Wochen auf seinen Termin warten muss, bleibt länger gesund, jedenfalls kennt er wenigstens nicht den Namen seiner Krankheit. Doch die Ungleichbehandlung empfinden viele als störend. Es gibt Kassenpatienten, die über 50 Jahre auf einen Termin warten mussten und schließlich starben, ohne zu wissen woran. Ist der Ersatzkassenkranke endlich im Wartezimmer, muss er stehen, weil nur die Privatpatienten sitzen dürfen. Ein privater Armbruch wird mit Gips behandelt, während der Kassenpatient häufig mit einer Konstruktion aus einem Zollstock und Paketklebeband zufrieden sein muss. Hält aber auch. Der Zollstock muss nach dem Ende der Behandlung zurückgegeben werden. Privatpatienten werden vor einem Eingriff mit Champagner betäubt und erhalten hinterher das Video ihrer Operation als fertig geschnittenen Spielfilm. Kassenpatienten bekommen ein halbes Glas Doppelkorn und ein Stück Holz zum Draufbeißen. Anschließend fehlt meist irgendein Organ, das der Arzt als »Kaution« einbehalten hat.

Antikes Pferd

Ein im mittelhessischen Waldgirmes entdeckter Pferdekopf aus der Römerzeit wurde in Frankfurt der Öffentlichkeit präsentiert. Fachleute halten den Fund für ebenso bedeutend wie die Himmelsscheibe von Nebra. Ein gewagter Vergleich. Die Himmelsscheibe von Nebra ist etwa 2000 Jahre älter und sie vermittelt uns anschaulich, wie sich die Menschen damals eine Scheibe vorgestellt haben. Doch welche Erkenntnisse liefert uns der Pferdekopf? Wir sehen: So also haben sich die Römer ein Pferd vorgestellt bzw. einen Pferdekopf. Er unterscheidet sich nicht von heutigen Pferdköpfen, was bedeutet, dass es auf diesem Gebiet kaum eine Weiterentwicklung gegeben hat. Archäologen glauben, dass der Kopf zu einem Standbild von Kaiser Augustus gehört. War also Augustus ein Pferd? Oder wurde er als Pferd dargestellt, weil dessen großer

Kopf auf die erhöhte Denkfähigkeit des Imperators verweisen sollte? Hier sind die Wissenschaftler gefordert. Bis jetzt wurden noch keine Beine gefunden, was darauf hindeutet, dass römische Pferde möglicherweise beinlos waren, und das würde dann wieder erklären, warum die Varusschlacht verloren ging.

Tunneltest

Zum wiederholten Mal hat der ADAC europäische Tunnel getestet und dabei erneut erhebliche Mängel festgestellt. Besonders kritisch wurde der Simplontunnel beurteilt. Man fährt nichtsahnend in Italien hinein und kommt in der Schweiz heraus. Fährt man aber in der Schweiz in den Tunnel, kommt man in Italien heraus. Das ist Betrug, meint der ADAC. Der Tunnelbenutzer müsse sich darauf verlassen können, dass er die Röhre, wenn schon nicht im selben, dann wenigstens in einem vergleichbaren Land wieder verlasse. Außerdem kommen einem im Simplontunnel ständig Züge entgegen. Eine lebensgefährliche Sache. Große Mängel stellten die ADAC-Experten auch am privat betriebenen Warnow-Tunnel in Rostock fest. Vier Fahrspuren sollen eigentlich den Weg vom Osten in den Westen verkürzen, doch wenn man den Tunnel wieder verlässt, befindet man sich immer noch auf dem Gebiet der ehemaligen DDR. Gerade für ostdeutsche Autofahrer eine traumatische Erfahrung. Als bedenklich wurde auch der Ostwestfalentunnel in der Bielefelder Innenstadt eingestuft: Egal von welcher Seite man reinfährt, man kommt immer in Bielefeld raus. Deshalb erhielt der Tunnel vom ADAC das Prädikat: »kafkaesk«.

Lehrerschwemme

Nach Ansicht von Bildungsexperten haben wir ab 2035 einen Grundschullehrerüberschuss, man könnte auch von einer Grundschullehrerplage sprechen. Aufgrund des Geburtenrückgangs gibt es einfach zu wenige Kinder für die Lehrer. Die Regierung könnte die Anschaffung von Kindern mit Prämien wie bei E-Autos oder Wärmepumpen fördern. Allerdings ist der CO2-Abdruck eines Kindes sehr ungünstig und seine Heizleistung hält sich in Grenzen, es sei denn, es hat Fieber. Als Fahrzeug sind Kinder ungeeignet und bis man sich endlich von seinem Kind fahren lassen kann, dauert es 18 Jahre und dann muss man ihm vorher noch das E-Auto kaufen. Eine Wärmepumpe hat sich nach gut 10 Jahren amortisiert, Kinder sind eher ein Verlustgeschäft, nur die wenigsten erzielen nennenswerte Einnahmen durch Influencer-Tätigkeiten oder als Profi-Gamer. Wohin also mit den Grundschullehrern? Vielleicht an die Front? Ein deutsches Schulmeisterbataillon, das dem Angreifer mal so richtig pädagogisch erklärt, warum Kriege nichts bringen. Davor hätten wohl selbst die Russen Angst. Doch auch im Inneren wird der Erklärungsbedarf immer größer. Biologielehrer könnten aufklären, dass es so etwas wie gesunden Menschenverstand gar nicht gibt und gut ausgebildete Mathelehrer würden so manchem helfen, endlich 1+1 korrekt zusammenzuzählen. Am dringendsten werden Geschichtslehrer gebraucht, um den Bürgern zu erläutern, wann genau nie wieder war und ob es schon wieder so weit ist.

Besser Essen

Das Bundeskabinett hat eine Ernährungsstrategie beschlossen. Das Landwirtschaftsministerium verkündete, es gehe darum, jedem Bürger »ein leckeres, gesundes und nachhaltiges Essen« zu ermöglichen. Natürlich denkt man auch darüber nach, die Legalisierung von Zucker und Salz rückgängig zu machen, denn Zucker und Salz sind neben Fett, Tabak und Alkohol die beliebtesten Krankmacher in Deutschland. Jeder Verstorbene hat nachweislich mindestens eine dieser fünf leider noch frei erhältlichen Substanzen zu sich genommen. Doch man will auf keinen Fall etwas verbieten. Auch bei der Ernährungsstrategie handelt es sich nur um einen bescheidenen Vorschlag. Das hat die Ampel inzwischen halbwegs begriffen, die Menschen wollen keine Regeln und Vorschriften, sie wollen höchstens Anregungen. Nur beim Thema Migration könnte ruhig mal das Grundgesetz geändert werden. Die Regierung will aber sowieso keine eingewanderten Lebensmittel auf deutschen Tellern sehen, sondern nur regionale. Unklar ist noch, ob es demnächst Remigrationstransporte von Ananas, Kiwis und Avocados geben wird.

Bürger Sandsack

Der Sandsack hat ein tragisches Schicksal. Brutal wird er abgefüllt und dann irgendwo hingeworfen, wo es feucht und kalt ist. Millionen Sandsäcke sind zurzeit deutschlandweit im Einsatz. Sie sichern selbstlos Deiche, Gebäude und Straßen, retten das Hab und Gut ungezählter Menschen, ohne eine Gegenleistung dafür zu verlangen. Dabei haben wir allen Grund, dem Sandsack dankbar zu sein, denn wenn es keine Sandsäcke gäbe, käme die Regierung vielleicht auf die Idee, berstende Dämme mit Arbeitslosen und Bürgergeld-Empfängern abzudichten.

Doch was tun wir? Kaum wird der Sandsack nicht mehr gebraucht, zerrt man ihn an den Ohren weg, verpasst ihm einen Tritt und lässt ihn auf der nächstbesten Hausmülldeponie verrotten. Kein Wunder, wenn sich 99,5% aller Sandsäcke ausgenutzt, ausgenommen und diskriminiert fühlen. Wir müssen das Verhältnis zu unseren Sandsäcken dringend überdenken, schließlich sind wir auf sie angewiesen. Jedenfalls könnten wir problemlos Europa- und Weltmeister werden, wenn wir das deutsche Tor nicht nur mit Manuel Neuer, sondern auch mit Sandsäcken sichern würden.

Mythenmedizin

Mediziner der Universität von Indiana haben einige im Volksglauben verankerte medizinische Glaubenssätze als falsch entlarvt. Völlig verkehrt ist beispielsweise der in angelsächsischen Ländern verbreitete Satz: »One apple a day keeps the doctor away«, als richtig gilt vielmehr das Gegenteil: »One doctor a day keeps the apple away.« Weiterhin gibt es keine Beweise dafür, dass der Mensch nur zehn Prozent seiner Hirnkapazität nutzt. In Wirklichkeit ist das gesamte Gehirn damit ausgelastet, sich Klingeltöne, PIN-Codes und Passwörter zu merken sowie die Telefontarife von 54 verschiedenen Anbietern abzuspeichern. Falsch ist außerdem, dass das Lesen bei schwachem Licht die Augen ruiniert. Das hängt nämlich hauptsächlich vom Buch ab. Selbst wer bei grellem Licht den neuen Paulo Coelho liest, muss damit rechnen, zu erblinden. Ein weiteres Vorurteil besagt, Karotten seien gut für die Augen, weil man niemals Hasen mit Brillen sieht. Das ist nur teilweise richtig, denn Hasen tragen bei der Futtersuche und auf der Flucht Kontaktlinsen, zu Hause in der Sasse greifen sie dann zur Brille und lesen bei ziemlich schwachem Licht ihren Kindern aus der »Häschenschule« vor.

Raststättenverkehr

Bei einem Test haben bestimmte deutsche Autobahnrastplätze extrem schlecht abgeschnitten. Die Raststätte Theilheim Nord an der bayerischen A3 bekam sogar die Gesamtnote »sehr mangelhaft«. Hier fiel besonders negativ ein Wolfsrudel auf, das nachts alleinreisende Autofahrer müde hetzt und dann im Sanitärbereich zur Strecke bringt. So etwas könne man nicht unter dem Motto »Abenteuer Rastplatz« auch noch extra berechnen. Gewöhnungsbedürftig seien auch die etwa 170 Zentimeter großen Kakerlaken, die aber alle ein Gesundheitszeugnis vorweisen konnten. In einer anderen Raststätte fehlten nach einem Toilettenbesuch plötzlich alle Räder am Auto. Positiv: Es bestand die Möglichkeit, die Reifen zu einem akzeptablen Preis zurückzukaufen. Auf der Sauerlandlinie ist nachts an allen Raststätten das Licht ausgeschaltet. Der Reisende muss beim Schein brennender Mülltonnen den Weg zur Toilette finden. Es gibt aber immerhin extra gekennzeichnete Parkplätze für Zombies und Holländer. Vorsicht beim Essen: Die meisten Raststättenpächter sind zum Buddhismus übergetreten. Deshalb wird dort das Essen vom Vortag regelmäßig wiedergeboren.

Wildverkehr

In den letzten Jahren ist die Zahl der Wildunfälle in Deutschland stark gestiegen. Der Naturschutzbund NABU erklärte, das dichte Verkehrsnetz behindere die Wanderung der Tiere, und forderte Korridore und Brücken für Luchse, Wildkatzen und Hirsche. Auf der A3 bei Aschaffenburg halten regelmäßig zu Stoßzeiten Wildschweine den Verkehr auf, die dort, ohne zu blinken, die Spur wechseln und sogar gegen die Fahrtrichtung unterwegs sind. Eine besonders raffinierte Rotte von Schwarzkitteln habe sich vor Kurzem mit Blinklichtern als »Schwertransport, der nicht überholt werden darf« getarnt und einen 40 Kilometer langen Stau verursacht. Die Kosten für Wildschutzmaßnahmen steigen ins Astronomische. Brücken, Tunnel und Korridore sind schon teuer genug, unterirdische Kanäle für wandernde Lachse, Rolltreppen für ältere Bären und Lastenaufzüge für wandernde Elche würden Milliarden verschlingen. Vor diesem Hintergrund werden Überlegungen laut, die Autobahnen für Tiere zu öffnen und zu verkehrsberuhigten Zonen zu erklären. Da die meisten Autofahrer mit Offroadfahrzeugen ausgestattet seien, könnten sie sich selber einen Weg durch die von den Tieren verlassene Wildnis bahnen.

Sexpflege

Drei Viertel aller Männer gaben in einer Umfrage der »Apotheken Umschau« an, dass sie sich eine Beziehung ohne Sex nicht vorstellen könnten. Man fragt sich unwillkürlich, was das für Männer sind, die an einer Umfrage der »Apotheken Umschau« teilnehmen. Sind das Apotheker oder Tablettenabhängige? Oder Umfragesüchtige? Mehr als die Hälfte der befragten Frauen erklärten jedenfalls, sie würden lieber mit dem Partner kuscheln als mit ihm zu schlafen. Frauen verwechseln Männer also mit einem Plüschtier oder einer Schmusedecke. Der Mann wird vollkommen zweckentfremdet eingesetzt, kein Wunder, dass immer weniger Kinder geboren werden. Dafür gibt es immer mehr Plüschtiere und Schmusedecken. Das kommt vom vielen Kuscheln. Ungeschützter Verkehr mit einem Plüschferkel kann aber unerwünschte Folgen haben. Und Plüschtiere sind Sozialschmarotzer, sie zahlen keine Krankenkassenbeiträge. Darüber steht nichts in der

»Apotheken Umschau«. Man erfährt auch nicht, dass sich 98 Prozent aller Männer Sex ohne Beziehung sehr gut vorstellen können. Aber nur zehn Prozent können sich Sex mit Plüschtieren ohne Beziehung und Kuscheln vorstellen.

Islamkultur

Laut einer Studie des US-Forschungsinstituts Pew ist jeder vierte Mensch ein praktizierender Muslim. Diese Information hat in unserer Familie große Aufregung hervorgerufen, denn wir sind genau vier Personen. Da stellt sich die Frage: Wer von uns ist Muslim und hat es den anderen nicht gesagt? Keiner von uns hat natürlich etwas gegen Muslime, wir haben noch nicht mal was gegen Protestanten, aber normalerweise halten wir uns über die wichtigsten Veränderungen in unserem Leben auf dem Laufenden. Und die Mitgliedschaft in einer muslimischen Religionsgemeinschaft würde dazugehören. Könnte es sein, dass wir tatsächlich eines dieser Kopftuchmädchen in unserer Familie haben, die immer wieder so großen Wirbel verursachen? Warum haben wir nichts gemerkt? Wächst das Kopftuch erst noch? Oder ist es doch der Sohn? Er bevorzugt als Ausbildungsort immerhin eine verdächtig östlich gelegene Stadt, in der es teilweise sehr orientalisch zugeht. Aber ob er es in Berlin schafft, fünfmal am Tag Richtung Mekka zu beten, wo er sich doch schon weigert, einmal im Monat zu Hause anzurufen? Wahrscheinlich weil er zu erschöpft vom vielen Beten ist.

Neues von Hermann Hesse

Im schweizerischen Montagnola befindet sich das Hermann-Hesse-Museum. Von dort aus kann man auf den Spuren des Dichters einen Rundweg ablaufen. Der Text des Audio-Guides wurde so gestaltet, dass praktisch jedes Restaurant des Ortes Erwähnung findet. Man erhält außerdem schon an der zweiten von elf Stationen den Rat, doch ein wenig zu entspannen, und zwar im »San Francisco Bowling«. Hesse war ja, wie viele Schriftsteller, ein Suchender, und wahrscheinlich suchte er die Herausforderung des Bowlings. Auch Hermann Hesse könnte also für einen angehenden Romanautor als Vorbild dienen. Er war schon über vierzig, als es bei ihm schriftstellerisch richtig losging. Da verließ er seine Frau und seine drei Kinder und zog ins Tessin. So etwas würde ich nicht fertigbringen. Ich habe nur zwei Kinder.

Profitieren Igel von IGel-Leistungen?

IGel-Leistungen sind nutzlos, wenn nicht gar schädlich. Die Abkürzung IGel steht für »Irrelevante Gesundheitsleistung« und die ermöglicht es Ärzten, Geld ihrer Patienten, auf das eigene Konto zu transplantieren. Als besonders nutzlos wird die Messung des Augeninnendrucks eingestuft, mit der Augenärzte ihren Urlaub in Neuseeland finanzieren. Noch sinnloser ist die Messung des Augenaußendrucks, die meistens in Verbindung mit einem Lidschlag-EKG und einem Augenbrauen-Screening zum Preis von 199,90 Euro angeboten wird. Auch der Nutzen der professionellen Zahnreinigung konnte nicht festgestellt werden, sie scheint aber sinnvoller zu sein als die unprofessionelle Zahnreinigung oder die Messung des Zahnrauminnendrucks. Die Krankenkassen fordern: Ärzte sollen ihre Patienten genau erklären, für welchen Urlaub sie das IGel-Geld verwenden wollen. Der Mitschnitt einer Darmspiegelung mit Musik und einem Kommentar von Veronica Ferres gehört auf jeden Fall zu den gemeingefährlichen IGel-Leistungen, die man genauso ablehnen sollte wie die Messung des Blinddarminnendrucks oder eine professionelle Hirnreinigung mit Entkalkungsmitteln. In diesem Zusammenhang warnen die Krankenkassen eindringlich davor, 149 Euro für eine »Schutzimpfung gegen IGel-Leistungen« zu bezahlen.

Leben Frauen wirklich länger?

Deutsche Männer gehen nicht gerne zu Vorsorgeuntersuchungen. Frauen schon. Das hat eine Forsa-Umfrage im Auftrag der Techniker Krankenkasse ergeben. Fast 80 Prozent der Männer geben außerdem an, dass sie mehr für ihre Gesundheit tun könnten. Das ist ein beschämendes Ergebnis. Was sind das überhaupt für Männer, die zugeben, sie könnten mehr für ihre Gesundheit tun? Wieso lassen die sich von irgendwelchen Forsa-Fritzen dumm anquatschen? »Was meinst du mit Vorsorge? Ich komme vor Sorge fast um, dass du mir die Zeit stehlen könntest.« So sollte ein Mann dem Umfragegeheimnis entgegentreten und nicht windelweich herumeiern. Wer Zeit für Umfragen hat, der hat auch Zeit für Vorsorgeuntersuchungen. Die Rechnung ist doch ganz einfach. Männer haben ein kurzes, aber intensives Leben und beschäftigen sich mit wichtigen Dingen wie Raubbau am eigenen Körper, Pferdewetten, Kohlehydrataufnahme und Bewegungsvermeidung. Frauen leben länger, weil sie mehr für ihre Gesundheit tun, verbringen aber einen großen Teil ihres langen Lebens in Arztpraxen, Apotheken, Hirnspinthomographen und mit dem Lesen der »Apotheken-Umschau«.

Traumpaar

Sahra Wagenknecht und Oskar Lafontaine, das Traumpaar des Klassenkampfs, haben heimlich geheiratet. Und wen haben sie geheiratet? Frau Wagenknecht hat Oskar Lafontaine geheiratet und Herr Lafontaine hat Sahra Wagenknecht geheiratet. Es war eine Art gefühlte Doppelhochzeit. Die Öffentlichkeit hat aber nichts gefühlt, denn sie war, genau wie Gala und Bunte, ausgeschlossen. Noch nicht einmal das Neue Deutschland saß dabei. Es ist die zweite Ehe für Sahra Wagenknecht und die vierte für Lafontaine, zusammen sind sie also zum sechsten Mal verheiratet. Es wurden keine Ringe getauscht, denn das Paar glaubt an die Planwirtschaft und nicht an Tauschhandel. Beide können nun vom Ehegatten-Splitting Gebrauch machen und wenn einer von beiden stirbt, kann Sahra Wagenknecht die Filmrechte an der Hochzeit verkaufen. Der Bund der Ehe wurde in Merzig geschlossen. Der Ort liegt nur 40 Kilometer von Wiebelskirchen entfernt, wo Erich Honecker, der spirituelle Lehrer von Sahra Wagenknecht, geboren wurde. Dreißig Kilometer von Wiemelskirchen, in Saarlouis, wurde Oskar Lafontaine geboren, die Fortsetzung von Erich Honecker mit kapitalistischen Mitteln. Beide Ehepartner haben ihre Namen behalten, damit die Talkshow-Redaktionen nicht durcheinanderkommen.

Stammt der Mensch vom Schaschlikspieß ab?

Der Mensch kennt offenbar schon sehr viel länger als angenommen das Geheimnis des Feuermachens. Das beweisen Funde in der südafrikanischen Wonderwerkhöhle. Aus den dort entdeckten verbrannten Knochen und Pflanzenresten lässt sich eindeutig feststellen, dass Menschen schon seit einer Million Jahren Erfahrung mit Feuer haben. Es wurden u. a. Überreste einer Brandschutzversicherungspolice und das Skelett eines Feuerzeugs gefunden, außerdem ein mumifizierter Feuerwehrmann, ein versteinerter Schlauch, der wahrscheinlich zum Löschen eingesetzt wurde, eine Schachtel mit der Aufschrift »Urwelthölzer« und die Klinke einer Brandschutztür. Wahrscheinlich muss nun die gesamte Menschheitsgeschichte umgeschrieben werden. Schon die Neandertaler kannten den Schnellkochtopf und den Vierflammenherd. Es ist jetzt sogar denkbar, dass die Dinosaurier nicht durch einen Meteoriteneinschlag oder durch die Klimaveränderung ausgerottet wurden, sondern weil der Mensch sie gegrillt und aufgegessen hat. Mit Sicherheit ist aber der Urknall auf das unsachgemäßes Hantieren mit Feuerwerkskörpern zurückzuführen.

Geschenkte Gäule

Wie wird man ungebetene oder missglückte Geschenke schnell und möglichst gewinnbringend los? Diese Frage treibt Millionen Bundesbürger in den Tagen nach Weihnachten um. Was tun mit dem Hund, der farblich nicht zur Couchgarnitur passt? Wie kriegt man bei eBay den Höchstpreis für das Fotobuch mit den scheußlichen Bildern von der vergangenen Bescherung? Wie wird man den Typen wieder los, den man versehentlich bei Parship angeklickt hatte? Darf man das Buch von Christian Wulff einfach ins Altpapier werfen? Tatsächlich ist Weihnachten zum Fest der ungewollten Geschenke geworden. Gerade junge Menschen sind entsetzt, wenn sie einen Gutschein für Bücher im Wert von 50 Euro bekommen. In solchen Fällen hilft ein Gutschein für einen Gutschein, damit kann man dann so gut wie nichts mehr falsch machen. Schon Jesus bekam Gold, Weihrauch und Myhrre ins

Haus bzw. in die Krippe geliefert, obwohl weder er noch seine Eltern es bestellt hatten. Umtausch war natürlich überhaupt nicht möglich und ein Gutschein für eine Kreuzfahrt wäre ja auch eher geschmacklos gewesen.

Sind unsere Schulen bereit für die Zukunft?

Deutschen Schülern fehlt Computer-Kompetenz. Die besten Leistungen wurden im Anklicken, Liken und Whatsappen erbracht, aber nur 0,04 Prozent der Schüler sind in der Lage, sich in den Mail-Account ihres Klassenlehrers zu hacken, um ihm pornographische Bilder zu schicken, sein Konto zu leeren oder die Lösungen von Tests vorab einzusehen. Selbst an sogenannten Elite-Gymnasien gibt es kaum jemand, der die Homepage des Instituts kapern könnte, um dort links- oder rechtradikales Gedankengut zu verbreiten. Statt mit Digital Natives hat man es mit Digital Naives zu tun, die eine Tafel für einen Touch-Screen halten. In anderen Ländern sind herkömmliche Schulen längst abgeschafft, Schüler und Lehrer wurden durch Avatare ersetzt. Sitzenbleiben muss dort niemand mehr, jeder Schüler hat genau zwei Leben, danach wird er gelöscht. Das fördert die Lernbereitschaft. In Deutschland halten 77 Prozent der Elftklässler IT für ein Erfrischungsgetränk. Kein Wunder, verfügen doch die meisten Schulen nur über einen Computer, der an Werktagen aber ausschließlich in der Mittagspause und nach 17 Uhr benutzt werden kann, weil ihn sonst die Sekretärin braucht.

Wie und warum funktioniert der BND

In der neuen Zentrale des BND irgendwo in Berlin sollten die ersten Mitarbeiter längst ihre Arbeit aufnehmen. Doch die Adresse der Zentrale ist so geheim, dass bisher niemand das Gebäude finden konnte. Die raffiniert gestaltete Zentrale wirkt von außen wie ein hässlicher Bürokomplex aus den 60er Jahren. Um seine wahre Gestalt zu erkennen, braucht man eine Spezialbrille, an der noch gearbeitet wird. Auch die Arbeitszeiten gelten als Top Secret, ebenso wie die Aufgaben der Mitarbeiter. Viele arbeiten seit Jahrzehnten an völlig sinnlosen Vorgängen, um andere Nachrichtendienste zu täuschen. Außendienstspione erhalten auf Antrag ein flaches schnurloses Telefon, mit dem man auch fotografieren kann. Insgesamt ziehen sich 20.000 Kilometer Glasfaserkabel durch die Gebäude, die vollkommen abhörsicher sind, denn man hat einfach alle Leitungen nach draußen gekappt. Den größten Raum nimmt das Brieftaubenausbildungszentrum sowie ein unterirdischer Geheimtintentank und eine Regenschirmentgiftungsanlage ein. Post an den BND ist im Moment leider unzustellbar, denn alle Briefkästen sind tot.

Scheidungsraten

Ehen dauern immer länger. 2013 hielten sie über 14,5 Jahre, 1993 waren es noch drei Jahre weniger. Doch trotzdem zerbricht irgendwann noch immer jede dritte Ehe. Woran liegt das? Paartherapeuten und Beziehungswissenschaftler fanden heraus: In Deutschland ist eine Scheidung noch immer der Hauptgrund für das Ende einer Ehe. Dieser Umstand wird häufig übersehen. Eine Scheidung will gut überlegt sein, viele Paare sind vollkommen überrascht, dass nach einer Scheidung die Ehe beendet ist und man den Hund nur noch Donnerstagnachmittag sehen darf. Ein weiterer Trennungsgrund wird auch gerne verdrängt, dabei geht 100 Prozent aller Scheidungen eine Heirat voraus. Hier müssten Therapeuten ansetzen und hilflosen Paaren Exit-Strategien anbieten. Die Zahl der Scheidungen nach der Silberhochzeit wächst ständig. Dagegen hilft, die Silberhochzeit nicht zu feiern, am besten sollte man Ehejahre gar nicht zählen, dann fällt einem auch nicht auf, dass man schon über 25 Jahre verheiratet ist. Die Mehrzahl der Scheidungen geht übrigens von der Frau aus. Das könnte man verhindern, indem man erst gar keine Frau heiratet.

Landarztmangel

Immer weniger Ärzte wollen aufs Land ziehen. Schon heute gibt es in Niedersachsen, Mecklenburg und Sachsen-Anhalt riesige, staubige Landstriche, die praktisch ärztefrei sind. Die Menschen dort können nicht krank werden, weil es in ihrer nächsten Umgebung niemanden gibt, der das diagnostizieren würde. Junge Mediziner fürchten die rauen Sitten und Gebräuche heidnischer Ureinwohner, das unwirtliche Klima und die gefährliche Tier- und Pflanzenwelt. Die Bundesregierung will in den betroffenen Gebieten gezielt Privatpatienten ansiedeln, das lockt Ärzte normalerweise sofort an. Doch Universitätsabgänger sind nicht mehr bereit, nach einem langen Studium noch komplizierte Fremdsprachen wie Plattdeutsch, Schwäbisch oder Ostwestfälisch zu lernen, die häufig nur aus Guttural- oder Zischlauten bestehen. Sie sind zu Recht besorgt, dass sie in Gegenden wie dem Sauerland oder dem Solling, wo die Menschen keine Schrift kennen, Probleme mit Rezepten haben werden, die niemand lesen kann. Dazu kommt die irrationale Angst, Kinder behandeln zu müssen, die aus einer Beziehung zu einer Kuh oder einem Schaf entstanden sind.

Digitalkinder

98 Prozent aller Kinder und Jugendlichen beschäftigen sich täglich mit Computer- und Videospielen. Die restlichen zwei Prozent haben gerade Stubenarrest oder sind zu betrunken, um die oft sehr komplizierten Spiele zu bewältigen. Knapp 120 Minuten verbringen Jugendliche täglich an Konsolen, Tablets oder Smartphones mit Spielen, dazu kommen noch 3,5 Stunden in sozialen Netzwerken wie Facebook, Instagram oder tumbir. Etwa 100 Minuten sind Jugendliche mit Whatsapp oder der archaischen Kunst des Simsens beschäftigt. Für das freie Surfen im Internet und Onlineshopping gehen auch noch 70 Minuten drauf. Ein Sprecher des IT-Interessensverbandes Bitkom forderte die Kultusminister der Länder auf, endlich flächendeckend die Hausaufgaben abzuschaffen. Die Belastung mit sinnlosem Schulstoff ist inzwischen so groß, dass die Schüler ihr anspruchsvolles Spielepensum nicht mehr schaffen können. Dadurch kommen Tausende schöner Highscores und Aufstiege in höhere Level nicht zustande. Eltern müssen wachsam sein und den Nachwuchs im Auge behalten. Ein erzwungener Aufenthalt an der frischen Luft kann ihr Kind mehrere Leben kosten.

Teuflisches Saarland

Fast jedes dritte Baby kommt in Deutschland per Kaiserschnitt zur Welt, die Dunkelziffer liegt wahrscheinlich weitaus höher. Den höchsten Anteil an Kaiserschnittgeburten hat das Saarland. Wissenschaftler gehen davon aus, dass viele Ungeborene eine instinktive Abwehrhaltung gegen das Saarland entwickeln und dort von selber nicht auf die Welt kommen wollen. Deshalb muss man sie mit Gewalt herausschneiden. Familienpolitiker regten an, man müsse das Saarland für Ungeborene attraktiver machen.

Ein Bundesland, dessen einzige Sehenswürdigkeit Oskar Lafontaine ist, hat es naturgemäß schwer. Darüber hinaus wird das Saarland gerne als Vergleichsmaßstab für Katastrophen aller Art verwendet. Von einem Ölteppich von der Größe des Saarlands, einer verbrannten Waldfläche von der Größe des Saarlands oder einem auf die Erde zurasenden Kometen von der Größe des Saarlands hört man ständig in den Nachrichten. Wer will es einem Ungeborenen verdenken, wenn es nicht als Erstes das saarländische Licht der Welt erblicken will? Alle Kaiserschnitte aneinandergelegt, würden übrigens exakt ein Gebiet von der Größe des Saarlands begrenzen.

Walsers Hund

Martin Walser lässt seine handschriftlichen Aufzeichnungen seit Jahrzehnten von Ehefrau Käthe abtippen. Das erzählte der Schriftsteller der Literaturzeitschrift Freundin Donna, anscheinend ein Projekt von Donna Leon. Walser erklärte weiter, er frage seine Frau nicht um Rat, beobachte sie aber beim Abtippen. Ob es sich dabei um eine besonders raffinierte Sexualtechnik handelt oder ob es Walser einfach Spaß macht, anderen bei der Arbeit zuzusehen, wissen wir nicht, auf jeden Fall hält die Ehe schon mehr als sechzig Jahre, wahrscheinlich, weil es immer was zu tippen gibt. Vor einiger Zeit hatte Walser gegenüber der Literaturzeitschrift Dogs erklärt, dass ihn nur der tägliche Spaziergang mit seinem Hund am Leben erhalte. Literaturkritiker forderten die sofortige Einschläferung des Tieres, denn es kursierte das Gerücht, dass der Hund einen Großteil von Walsers Spätwerken geschrieben und die Frau das dann abgetippt hatte. Damit ist auch klar, warum Walser bei Lesungen oft überrascht wirkt, er liest den Text ja zum ersten Mal, staunt über die Einfälle seines Hundes und dass sein Verlag so etwas druckt.

Was gehört in eine Geflügelwurst?

Laut einer Richtlinie des hessischen Landwirtschaftministeriums darf Geflügelwurst neben Fleisch von Pute oder Truthahn auch Rind- oder Schweinefleisch enthalten. In einigen Fällen ist der Geflügelanteil sogar der kleinere, wie eine Studie der Stiftung Warentest ergab. Tatsache ist: Seit der hessischen Gebietsreform gelten Rinder und Schweine durchaus als Geflügel im poetischen Sinne. Schweine sind flugunfähige, äußerst wohlschmeckende Vögel, das Gleiche gilt auch für Rinder, die in Tierhalterkreisen eher als flugunwillig gelten. Geflügelwurst ist nur eine Geflügelwurst im übertragenen Sinne, also eine Art geflügeltes Wort für Geflügelwurst, das man nicht so wörtlich nehmen sollte. Pferdewurst darf nur dann als Geflügelwurst verkauft werden, wenn tatsächlich ein geflügeltes Pferd, also ein Pegasus, verarbeitet wurde. Eine Geflügelwurst kann auch nur aus Schweinefleisch bestehen, wenn das Schweinefleisch vor der Verwurstung dreimal in die Luft geworfen wurde. Geflügelwurst darf sogar Tofu enthalten, wenn der Tofu mit dem Flugzeug zur Fleischfabrik gelangt ist. Selbst Holzbestandteile sind in der Geflügelwurst erlaubt, allerdings nur, wenn dafür ein alternder Konzertflügel verwurstet wurde.

Mit dem Zweiten schläft man besser

Über die Hälfte aller Zuschauer surft während des Fernsehens im Internet. Bei den Jugendlichen sind es Dreiviertel. Ist das Fernsehen also vor allem wichtig, damit wir beim Surfen etwas Ablenkung haben? Oder kann man das Fernsehprogramm ohne Internet gar nicht mehr aushalten? Auf jeden Fall ist es völlig egal, was läuft, denn niemand schaut sich das konzentriert an. Und wer nicht surft, der bügelt, schält Kartoffeln, löst Sudokus, hört Radio oder telefoniert. Ab 23 Uhr schlafen 60 Prozent der Zuschauer sowohl vor dem Fernsehen als auch im Internet, ab 24 Uhr sind es 85 Prozent. Kaum jemand sieht Markus Lanz bei vollem Bewusstsein, was einen großen Teil seines Erfolges erklärt. Man kann es auch positiv sehen: Ohne Fernsehen litten sehr viel mehr Menschen an Schlafmangel, das Bruttosozialprodukt wäre in Gefahr und die Wäsche ungebügelt. Wer fernsieht, tut etwas für seine Gesundheit und für die Volkswirtschaft und zahlt dafür nur eine verhältnismäßig geringe Gebühr. Was machen Menschen, die kein Fernsehen haben? Tragen die immer zerknitterte Hemden? Und wann schlafen die eigentlich?

Tatort Zoo

Tier- und Naturschutzorganisationen beklagen immer wieder die Zustände in Zoologischen Gärten. Tiere würden dort unter nicht artgerechten Bedingungen gehalten und regelrecht gequält. Grund dafür ist der nicht abreißende Boom der Zoo-Dokus. Jeder Sender hat inzwischen mindestens zwei Tiergärten vertraglich an sich gebunden und die Zuschauer erwarten ständig neue Bilder. Die Tiere müssen stundenlang geschminkt und für die Kamera hergerichtet werden. Zebras und Okapis werden bei Bedarf frisch eingefärbt. Die meisten Papageien leiden unter akuten Stresssymptomen wie Federausfall und Augenzwinkern, weil sie immer größere Textmengen auswendig lernen müssen. In einem hessischen Zoo sollen die Hälse von zwei Giraffen operativ verlängert worden sein, um eindrucksvollere Bilder zu erhalten. Andere Zoodirektoren hatten zuerst neiderfüllt die Bilder von acht Meter hohen Tieren betrachtet, dann aber Anzeige erstattet. Auch Flusspferde sollen in der Vergangenheit mit Silikon behandelt worden sein, damit sie auf dem Fernsehschirm formatfüllender wirken konnten. Inzwischen findet in Zoologischen Gärten ein regelrechtes Casting statt. Hässliche oder unansehnliche Tiere wie der Tapir oder der Vielfraß werden ausgemustert oder sogar notgeschlachtet. Eisbärmütter sollen gleich in mehreren Zoos mit hohen Summen bestochen worden sein, damit sie ihre Kinder nach der Geburt verstoßen und das Fernsehen eine rührende Flaschenaufzuchtstory bringen kann. Bevor sie vor die Kamera dürfen, müssen Menschenaffen über hundert Prüfungsaufgaben bewältigen, die schwerer zu lösen sind als die Fragen des Einbürgerungstests. Immer lauter wird deshalb der Ruf nach einer Tiergewerkschaft, Betriebsräten in jedem größeren Rudel sowie einer 35-Stunden-Woche für Zootiere.

Krankheiten mit Folgen

In diesem Jahr werden wieder neue Staffeln des Krankenhaus-Epos »In aller Freundschaft« produziert. Seit die Serie im Jahre 1998 startete, sind die Zuschauerzahlen von knapp drei auf fast sieben Millionen gestiegen. Krankenkassen machen die Produktion verantwortlich für die explodierenden Kosten im Gesundheitswesen. Die Serie hat geradezu eine Operationshysterie ausgelöst. Tausende Zuschauer bewerben sich als Komparsen und wenn sie nicht angenommen werden, verlegen sie sich aufs krankwerden. Immer häufiger verlangen Männer ohne ersichtlichen Grund in ein Krankenhaus eingewiesen zu werden, in der Hoffnung, dort von der reizenden Dr. Kathrin Globisch behandelt zu werden. Frauen sehnen sich danach, im OP Dr. Simoni oder Dr. Heilmann gegenüberzustehen und sich von ihnen irgendein lebensunwichtiges Organ entfernen zu lassen. Um die Kosten im Gesundheitsbereich zu dämpfen, wurde das Team der Sachsenklinik jetzt verpflichtet, leichtere Fälle tatsächlich zu behandeln. Durch jahrelange Simulation sind die Darsteller nämlich längst in der Lage, Blinddarmoperationen und einfache Amputationen auszuführen.

Musikantenstadlwahnsinn

Andy Borg hat vor einiger Zeit zum letzten Mal den »Musikantenstadl« moderiert. Der damals 54-Jährige hatte nicht auf sich aufgepasst und war einfach zu alt geworden, die Verantwortlichen suchten nach einem 52-Jährigen oder zwei 26-Jährigen, um ein jugendlicheres Publikum zu erreichen. Mehrere 49-Jährige beklagten sich immer wieder, dass sie den »Musikantenstadl« gerne sehen würden, aber leider sei ihnen Andy Borg zu alt. Zu allem Unglück stehen auch viele der im »Stadl« auftretenden Künstler kurz vor dem 90. Geburtstag, Florian Silbereisen soll den Stimmbruch hinter sich haben, selbst die »Jungen Zillertaler« sind in die Jahre gekommen und müssen wohl durch die »Blutjungen Zillertaler« oder die »Minderjährigen Zillertaler« ersetzt werden. Kritiker wollen sich damit aber nicht zufriedengeben und fordern lautstark das Engagement der »Ungeborenen Zillertaler«. Andy Borg hatte die Sendung 1960 von Karl Moik übernommen, der sie 1890 gegründet hatte. Was aus Andy Borg wird, ist noch nicht geklärt. Die ARD hat auf jeden Fall zugesichert, dass sie seine Organe nicht zum Verkauf anbieten will.

Was passiert in elf Minuten?

Erschreckendes müssen wir täglich im Werbefernsehen hören: »Alle 11 Minuten verliebt sich ein Single über Parship«! Entsetzlich! Was sagt die Krankenkasse dazu? Alle Vierteljahre oder sogar einmal im Monat kann man sich ja verlieben, aber »alle 11 Minuten«? Diese Hormon- und Botenstoffüberproduktion scheint total ungesund, der Mann ist doch eine chemische Zeitbombe. Wissen die Frauen überhaupt von seiner Manie? Er hat ja nur 11 Minuten Zeit, um sich zu erklären, dann muss er weiter und der nächsten Dame seine Aufwartung machen, er kann nicht anders, die Hormone bzw. Parship peitschen ihn vorwärts. Alle elf Minuten, da kommt man zu rein gar nichts! Keine Ahnung, ob dieser erbarmungswürdige Single überhaupt schläft. Rechnen wir mal nach, wenn er sich alle elf Minuten verliebt, dann verliebt er sich ca. 5½ mal pro Stunde, in sieben Stunden über 37 mal, da platzt ihm ja der Singlekopf. Da braucht er mindestens Thomapyrin, das hilft gegen 37 verschiedene Arten von Kopfschmerz. Aber leider nicht gegen das Verlieben. Müsste nicht der Sektenbeauftragte eingreifen? Dieses Parship ist ja schlimmer als Scientology!

Erbkrankheiten

Als ich vor Kurzem meine Steuerunterlagen gesichtet und nach Themengruppen sortiert in einem Ordner versammelt hatte, dachte ich unwillkürlich: So, jetzt kannst du sterben. Natürlich wurde mir sofort die peinliche Banalität, ja Dummheit dieses Gedankens bewusst, denn es hatte sich ja nur um die Steuer von 2006 gehandelt, die Unterlagen von 2007 harrten noch in einer krankhaft aufgeblähten Hängeregistratur ihrer Erledigung. Trotzdem ist das ein Gefühl, das in letzter Zeit sehr oft wiederkehrt, vielleicht liegt es am Alter, jedenfalls beruhigt mich oft der Gedanke, ich hätte meine Angelegenheiten geordnet hinterlassen. Potentielle Hinterbliebene könnten sich hemmungslos der Trauer hingeben und ich müsste mir nicht aus dem Jenseits würdelose Gespräche anhören: »... ach, wissen Sie, was das Schlimmste ist, er hatte ja noch nicht mal die Steuer für 2006 gemacht, das bleibt jetzt alles an mir hängen ...«

Nein, solche Szenen will ich vermeiden, der Tod darf mich nicht mit Bergen voll ungeordneter Bewirtungsquittungen antreffen. Meine Familie soll einfach nur den Schmerz oder meinetwegen auch die Freude über mein Ableben auskosten dürfen. Tatsächlich muss man wohl eine Familie haben, um sich in derart schwachsinnigen Gedankenbahnen zu bewegen.

Es ist allerdings keineswegs so, dass mein gesamter Tagesablauf ein einziges memento mori carpe diem wäre. Ich bin durchaus in der Lage, den Abwasch zu erledigen, ohne danach zu denken: wenn ich jetzt stürbe, wären wenigstens die Töpfe sauber.

Aber ist denn nicht doch der Großteil unseres Lebens eine einzige Nachlassvorbereitung? Meine Mutter wirft in Erwartung eines baldigen Ablebens ständig größere Teile ihres Hausstandes in den Müll oder ich muss ihn in die

Altkleidersammlung transportieren: »Damit ihr nicht so viel zum Wegwerfen habt.«
Das geht jetzt seit beinahe 15 Jahren so, demnächst wird meine Mutter 100. Vor Kurzem warf ich zehn Jahrgänge der Zeitschrift *Mojo* ins Altpapier. Ich hatte sie getreulich gesammelt, weil sie ein hervorragendes Nachschlagewerk der Popmusik abgegeben hätte, aber in Ermangelung eines Registers war es dann doch nur ein Haufen Papier, der zu viel Platz einnahm. Nach der Entsorgung war ich zwar noch nicht zum Sterben bereit, aber erleichtert.
Dem Tode noch näher fühlte ich mich, als ich meine Platten endlich komplett alphabetisch geordnet hatte. Sogar die Sonderabteilungen »Brasilien«, »Frankreich« und »Bubblegum«. Nur ein kleiner Stapel von etwa fünfzig Platten macht mir Sorgen, in ihm stehen die Neuerwerbungen, die ich noch nicht oder nur einmal gehört habe. Ich ordne eine Platte nämlich erst dann endgültig ein, wenn ich sie zum zweiten Mal abgespielt habe. Diesen ungeordneten Haufen müsste ich meiner Tochter hinterlassen, denn ich schätze, dass sie sich halbwegs ernsthaft mit der Verwaltung dieses Nachlassobjekts beschäftigen würde. Vielleicht sollte ich es wie Peter Handke oder Ror Wolf machen und meine Plattensammlung schon zu Lebzeiten ans Literaturarchiv nach Marbach verkaufen, aber ich befürchte, die wissen in Marbach gar nicht, wer ich bin und deshalb muss ich das Ganze selber katalogisieren. Das steht mir nämlich auch noch bevor. Ich besitze einige Platten u. a. von Leo Kottke, aber auch von den Monkees doppelt, weil ich den Überblick verloren habe. So konnte ich mich anfangs zweimal freuen, musste mich am Ende aber auch einmal ärgern und mir Gedanken über Alzheimer machen. In Marbach würden kundige Archivare eingreifen. Wenn ich zweifelnd im Plattengeschäft stünde und überlegte, was ich eigentlich schon alles von Brinsley Schwarz habe, dann würde ein Anruf in Marbach genügen und eine heisere Fistelstimme betete mir vor: »Silver

Pistol«, »Despite it all«, Nervous on the road« und »Playing new favourites«. Ich bin fest davon überzeugt, dass alle Archivare in Marbach heisere Fistelstimmen haben.
Warum gibt es noch nicht ein »Archiv für literarisch so gut wie unbedeutende Autoren«? Irgendeine staatliche Stelle, die meinen Mist einlagert und mit Laufnummern versieht? Bis das geschaffen worden ist, bleibt leider noch dieses chaotische Resthäufchen, das ich, so gerne ich das auch tun würde, auf keinen Fall alphabetisch verordnen kann, denn hier müssen die Platten so stehen, wie sie reingekommen sind, die neuen vorne, die älteren hinten, sonst verliere ich den Bezug zu ihnen.
Falls also der Tod demnächst vor der Tür steht, dann werde ich versuchen, noch ein bisschen Zeit rauszuschinden, um das Ordnungswerk zu vollbringen. In den folgenden Bereichen aber wird mich der Tod nicht unvorbereitet antreffen: Ich habe den Staubsaugerbeutel gewechselt, den gelben Sack entsorgt, die Winterreifen aufgezogen, das Wasser in der Heizung nachgefüllt, meine Publikationen an die VG-Wort gemeldet, den Tannenbaum abgeschmückt und an die Straße gelegt, alle Kugeln nach Farben sortiert in die entsprechenden Kästen eingeordnet und diesen Text fertiggestellt.

Der Revierkennzeichner

Das Viertel, in dem ich wohne, ist ein sehr ruhiges Viertel. An manchen Tagen wird die Ruhe bei uns in Oberstedten so derartig erdrückend, dass man schon froh ist, wenn sich Mitarbeiter der Stadtwerke lautstark an der Kanalisation zu schaffen machen. Wahrscheinlich werden sie sogar von höchster Stelle angewiesen, wichtige, unaufschiebbare Arbeiten vorzutäuschen. Der Einsatzleiter sagt: »Es wird höchste Zeit, mal wieder nach Oberstedten zu fahren, nehmt das ganze laute Zeug mit, den Trennschleifer, den Presslufthammer und den Rüttler und benutzt alles gleichzeitig, sonst drehn die mir da oben noch durch.« Dann werden alte Rohre ausgegraben und neue Rohre eingegraben und nach ein paar Wochen werden die neuen wieder rausgeholt und durch die alten ersetzt, nur damit uns die Ruhe in unserem Viertel nicht zu stark aufs Gemüt schlägt.

Vielleicht bin ich aber auch nur ein besonders schlechter Beobachter. Schräg gegenüber sind neue Nachbarn eingezogen, deren blickdichten Jalousien auch mein Habicht-Fernglas nichts entgegenzusetzen hat. Gut möglich, dass die beiden den ganzen Tag in Latexanzügen durchs Haus laufen. Vielleicht schlafen sie auch tagsüber in Särgen mit Muttererde. Das sind aber nur haltlose Spekulationen, denn beweisen lässt sich nichts, in unserem Viertel regiert eine geradezu bedrohliche Beschaulichkeit.

Seit einigen Wochen aber ist das anders, da herrscht eine gewisse Unruhe in unserem Viertel. Schuld daran ist eine Verunreinigung der Gehwege. Gerade in ruhigen Vierteln hält sich jeder zweiter Bewohner einen Hund, damit sich irgendjemand freut, wenn er das Haus betritt. Das Innenleben dieser Hunde besteht hauptsächlich aus einem sehr komplizierten Mechanismus, der die Wedelbewegungen des Schwanzes erzeugt und die Bellgeräusche hervorbringt. Der Rest des Hundes ist bis zum Rand mit Scheiße gefüllt. Die muss der Hund in regelmäßigen Abständen ausscheiden, um Platz für neue zu schaffen. In heruntergekommenen Stadtteilen voller Prekariatsbewohner mit Kampfhundrudeln kann es oft schwierig werden, noch einen kotfreien Pfad auf dem Bürgersteig zu finden, aber hier in unserem ruhigen, beschaulichen Viertel räumen die Hundebesitzer sofort hinter ihren Tieren auf, sodass nur ganz selten Grund zum Ärger besteht. Jeder läuft mit einer Plastiktüte hinter seinem Hund her. Vergisst er die Tüte, fängt der Hund an zu winseln und rührt sich nicht von der Stelle. Die Hunde in unserem Viertel sind auf diese Tüten konditioniert. Der Hund ist ja das einzige Tier, das freiwillig eine gewisse Nähe zum Menschen sucht und das deshalb auch als bester Freund des Menschen gilt. Wahrscheinlich hofft er, dadurch evolutionär weiter zu kommen und glaubt, wir würden ihm das Geheimnis des Feuermachens verraten. Das wird wohl noch etwas dauern, aber er hat den Menschen schon so weit, dass er die Scheiße hinter ihm aufsammelt.

In diesem Falle aber schien dieser Mechanismus nicht mehr zu funktionieren, deshalb wunderten wir uns über die recht umfangreichen Haufen, die die Gehwege unseres Viertels bedeckten. Daneben lag immer ein Papiertaschentuch, wohl um den Haufen zu kennzeichnen. Man versucht ja unwillkürlich aus Größe, Umfang und Konsistenz oder sagen wir Textur des Haufens Rückschlüsse auf das Tier zu ziehen, in dem sich die Scheiße zuvor befunden hat, aber diese Haufen gaben nicht nur mir, sondern auch anderen Bewohnern des Viertels ein Rätsel auf, bis endlich eine ältere und kotkundige Nachbarin erklärte: »Das sind keine Hundehaufen!« Obwohl es uns innerlich stark widerstrebte, mussten wir der Wahrheit ins Auge schauen: Der Verursacher, besser gesagt, der Produzent der Haufen, war humanoiden Ursprungs. Wie sich nach einigen Recherchen herausstellte, ging er seiner Beschäftigung schon länger nach, bisher allerdings in anderen Straßen, diese Ecke des Viertels war anscheinend neu zu seinem Revier gekommen. Tatsächlich handelt es sich ja bei diesem Vorgang um so etwas wie »sein Revier markieren«. Im Verdacht stand ziemlich schnell der Zeitungsausträger.

Die Haufen bildeten sich irgendwann zwischen drei und sechs Uhr und da sind normalerweise nur Zeitungsausträger unterwegs. Vor allem regelmäßig unterwegs. Zeitungsausträger haben auch immer einen Bezirk, wobei ich aber noch nie gehört hatte, dass ein Zeitungsausträger seinen Bezirk mit Scheiße markiert. In unserem Viertel gibt es

zwei Austräger, einen für die FAZ und einen für die »Welt«. Wem würde man so etwas am ehesten zutrauen? Scheißt der FAZ-Bote auf den Bürgersteig oder klingt das nicht doch viel eher nach einem »Welt«-Zusteller? Ist das möglicherweise eine Einstellungsvoraussetzung, wenn man FAZ-Bote werden möchte? »Schulze, ich will, dass Sie das ganze Viertel mit Zeitungen zuscheißen, ist das klar?«
Seit der unheimliche Kotabsonderer umgeht, ist Bewegung in unser Viertel gekommen. Wir reden häufiger miteinander und diskutieren Gegenmaßnahmen. Eine Zeit lang überlegten wir, Wachen aufzustellen. Allerdings kommt der Revierkennzeichner ziemlich unregelmäßig. Es könnte sein, dass man Wochen umsonst in einem kalten Kofferraum oder einer Streusandkiste lauert und er markiert währenddessen ganz andere Ecken.
Wir erwägten, Kotproben zu nehmen und das ganze Viertel durchzutesten und wir überlegten, warum jemand so etwas tut. Ist es ein Protest gegen die verlogene Ruhe in unserem Viertel? Neidet er uns unsere Doppelhaushälften oder will er sagen: Ich scheiß auf euren Besitz?
Es ist wichtig, die Motive des Mannes zu begreifen. Dass es ein Männchen sein muss, ist jedem in unserem Viertel klar, aber wie nennt man sein Verhalten eigentlich?
Haben wir es mit einer stadtteiltypischen Erkrankung zu tun, so einer Art Oberstedtener Inkontinenz? Wir begannen, uns näher mit dem Thema zu beschäftigen und bald machte das Wort Koprophilie die Runde. Damit bezeichnet man Lustgewinn durch menschlichen Kot, eine Unterform der Exkremtophilie. Weitere Nachforschungen machten uns mit der »Bristol-Stuhlformen-Skala«, der Bristol Stool Scale von Heaton und Lewis, bekannt, und daher können wir sagen, dass die Ausscheidungen eindeutig dem Typ 3 zuzurechnen sind »Wurstartig mir rissiger Oberfläche«. Typ 4 wäre »wurstartig mit glatter oberfläche« und Typ 5 »einzelne, glattrandige Klümpchen, leicht auszuscheiden«.

Doch das half uns nicht weiter. Vielmehr interessierte uns die Antwort auf die Frage: Was würden wir tun, wenn wir das Schwein dabei erwischen und wie schafft er es tatsächlich immer nachts zwischen drei und fünf müssen zu können? Das ist doch menschenunmöglich.

Je mehr man darüber nachdenkt, desto mehr muss man darüber nachdenken. Könnte der Vorgang religiöse Ursachen haben? In der ethnologischen Fachliteratur sind viele Fälle bekannt, in denen Exkremente bei kultischen Handlungen verwendet werden, man hat das beispielsweise bei den Indianern Nordamerikas beobachtet. Ein Freund erzählte mir mal, dass es in Shanghai, ja, in ganz China durchaus üblich ist, sich auf der Straße zu entleeren. Aber in unserem Viertel leben keine Chinesen und auch keine Indianer. Allerdings ein Holländer. Seine Frau ist Managerin in einer nahegelegenen Zwiebackfabrik. Ich bezweifle aber, dass das für einen Anfangsverdacht ausreicht. Vor ein paar Tagen fand sich ein Papiertaschentuch und das, was es ankündigte im Blumenbeet neben dem Weg, der zu unserer Haustür führt. Nach einer kurzen Inspektion des Tatorts fiel mir auf: Es handelte sich wie üblich um Typ 3 und es gab keine Fußspuren im Beet. Die hätten aber sichtbar sein müssen, wenn der unheimliche Koprophile sich dort erleichtert hätte.

Da wurde mir klar: Er bringt die Scheiße von zu Hause mit. Er scheißt sich dort einen Vorrat zusammen und verteilt ihn in unserem Viertel. Sehr wahrscheinlich hat er zuhause einen Plan hängen, auf der er die Ablageplätze mit Stecknadeln markiert hat. Montags Bussardweg, dienstags Adlerstraße, mittwochs Fichtenstraße. Eine beängstigende Vorstellung. Nachts läuft hier jemand mit den Taschen voller Scheiße herum. Aber wer? Der FAZ-Zusteller? Der »Welt«-Bote? Der Holländer? Oder alle drei bzw., Moment mal, alle Bewohner des Viertels? Rührt daher etwa die eigentlich höchst verdächtige Ruhe, die hier herrscht? Weil unsere Nachbarn den ganzen Tag

damit beschäftigt sind, sich für ihre nächtlichen Umtriebe vorzubereiten?
Plausibler scheint mir die Theorie von Frau Breitenstein aus der 10a, sie meint, da sei wohl jemand am Werk, der uns erstmal moralisch zermürben will, um dann billig unsere Häuser aufzukaufen. Also ein Makler. Aber wahrscheinlich hat doch Frau Tippmann aus dem Reihenendhaus gegenüber Recht, sie erklärte mir: Schuld an dieser ganzen Sauerei ist bestimmt eine Drückerkolonne.

Mich trifft der Schlag

Hinterher fragt man sich immer, ob man nicht irgendwelche Warnsignale übersehen hat. Hätte ich nicht schon viel früher etwas spüren müssen? Am Abend, bevor es passierte, nahm ich jedenfalls an einem Abendessen im Springer-Hochhaus teil. Mit mir am Tisch saßen Schriftsteller, Literaturagenten, eine Ministerin, Herausgeber und Eckart von Hirschhausen. Hätte ich da Verdacht schöpfen müssen? Eigentlich nicht, wenn mehr als zwölf Personen in einem Raum versammelt sind, ist von Hirschhausens Anwesenheit zwingend vorgeschrieben.
Eifrige Bedienstete schenkten uns ständig einen schweren Rotwein nach, der ihnen eine leicht gebeugte Haltung aufzwang. Mit einem Berliner Schriftsteller diskutierte ich die Notwendigkeit eines Agenten. Er sagte, wenn man zum Beispiel einen Roman möglichst teuer verkaufen wolle, wäre ein Agent von Vorteil. Ich stimmte ihm zu, befürchtete aber, dass ich niemals in die Verlegenheit kommen würde, meinem Leben fehle es an der, zumindest für einen autobiographischen Roman, notwendigen Dramatik. Der Schriftsteller nickte bestätigend, was ich unverschämt fand, denn er kannte mich gar nicht. Seine Agentin hatte ihm gerade eine Lesereise mit Wagen und Chauffeur durch das Tessin ermöglicht. Die Agentur der

Agentin hatte auch das Essen organisiert und die Gäste mental gecastet. Wir alle waren auserwählt worden, allerdings sollte mir erst viel später klar werden, wozu.
Ich übernachtete bei einem Freund in der Budapester Straße, und am nächsten Morgen fuhr ich mit einem schwedischen Militärfahrrad aus seinem Besitz am Tiergarten entlang Richtung Potsdamer Platz.
Die Sonne schien und verbreitete diese angenehme, nicht zu warme Wärme, die im Frühling häufiger auftreten kann. Auf dem Gepäckträger beförderte ich ein Paket mit Vorhängen, die ich vor dem Neuköllner Fenster meines Sohnes anbringen wollte. Ich erwähne das nur, weil das möglicherweise auch ein Warnsignal gewesen sein könnte. Das Fahrrad vibrierte ein wenig, so als ob ich kleine Bodenwellen im Asphalt überquerte. Ich wich einem Taxi aus, wurde gegen meinen Willen langsamer, ein holländischer Reisebus fuhr langsam vorbei, ich rollte auf den Bürgersteig, kam zum Stehen und fiel um.
Mehrere Fußgänger waren auf mich aufmerksam geworden und sahen mir interessiert zu. Das Aufstehen erwies sich als ungewöhnlich schwierig, aber ein schwedisches Militärrad ist relativ schwer und unförmig, wahrscheinlich setzen sie es da oben als panzersprengende Waffe ein. Der Fahrer des Taxis, dem ich ausweichen musste, zog mich schließlich unter dem Rad hervor und fragte, ob ich betrunken sei. Ich sagte: »Mit mir ist alles in Ordnung.« Er blickte mich mitleidig an und erwiderte: »Nein, mit Ihnen ist gar nichts in Ordnung.« Dann hörte ich eine Frau in ihr Handy sprechen: »Wir brauchen einen Notarzt, hier liegt eine hilflose, orientierungslose Person.« Ich kam mir vor wie in einem Film, wo der Held plötzlich begreift, dass er von lauter Außerirdischen umgeben ist.
Da fiel mein Blick auf meinen linken Arm, der wild herumzuckte, aber ich konnte irgendwie keine Verbindung zu ihm aufnehmen – er führte ein unheimliches Eigenleben. Ich berührte ihn mit der rechten Hand und fühlte

nichts. Es war ein völlig fremder Arm, jedenfalls hatte ich ihn noch nie an meinem Körper gesehen. Ich spürte, wie mir der kalte Schweiß ausbrach. Die Sache schien ernster zu sein. Irgendwo lag wahrscheinlich noch mein richtiger Arm herum, aber wo war das Ding her, dass da jetzt links an mir herumzuckte? Anscheinend war ich hier der Außerirdische.

Schließlich tauchten zwei Polizisten auf und wollten wissen, ob ich betrunken sei. Das schien vormittags um elf Uhr in Berlin die Regel zu sein. Die hätten lieber die Sache mit dem Arm aufklären sollen, aber das konnte ich ihnen nicht sagen, denn meine Zunge gehorchte mir genauso wenig wie mein Arm. Dann kam der Notarztwagen, man setzte mich in einen Rollstuhl, und eine Hebebühne beförderte mich ins Innere des Mobils. Der Notarzt fragte nach meinem Befinden, und ich lallte: »Na ja …« Er schaute mich prüfend an und teilte mir voller Begeisterung mit: »Tja, Sie hatten einen Schlaganfall.« Dann diagnostizierte er routiniert: »Hängender Mundwinkel links, kalter Schweiß, kein Gefühl in den linken Extremitäten …« Er sagte, ich solle mir keine Sorgen machen: »Sie liegen gut im Zeitfenster.« Wenn der Schlaganfall innerhalb von drei Stunden behandelt werde, bestünden hervorragende Heilungschancen. Ich war froh, dass ich gut im Zeitfenster lag, sehr froh, ich hatte nämlich mein ganzes Leben lang immer nur sehr schlecht im Zeitfenster gelegen, oft hatte ich es gar nicht gefunden.

Ich konnte meine Personalien fehlerlos herunterlallen, ich konnte sogar noch veranlassen, dass die Polizisten das schwedische Militärrad sicherten, weil ich mich problemlos an die Eselsbrücke für das Zahlenschloss erinnerte: Kolumbus plus vier, also 1496. Ein Beamter schob das Paket mit den Vorhängen in den Wagen, und dann wurde ich zum ersten Mal in meinem Leben mit Blaulicht durch Berlin gefahren. Das war großartiger, als mit Chauffeur

durch das Tessin kutschiert zu werden, und ich hatte es ganz ohne Agentin geschafft.
Während der Fahrt zur Charité hielt ich den linken Arm mit dem rechten fest, weil es mir peinlich war, vor dem Notarzt unkontrolliert herumzuzucken. Am Ende hielt er mich noch für einen echten Kranken.
Der Arzt erklärte mit wachsender Begeisterung, es sei alles für eine Lysetherapie vorbereitet, bei der mein Blut stark verdünnt werde, was die Folgen des Schlaganfalls rückgängig machen würde. Am Ende säße ich wahrscheinlich wieder auf meinem Fahrrad, dachte ich.
Ich wurde aus dem Notarztwagen in die Rettungsstelle verfrachtet, dort in alle möglichen Röhren geschoben, an jeden Flugschreiber angeschlossen, und dann erklärte mir der diensthabende Rettungsstellenarzt, man habe zwar alles für die »Lyse« vorbereitet, aber so, wie er meinen Zustand beurteile, brauche ich keine mehr. Das hieß, sie hatten mich aufgegeben. Die teure Maßnahme würde sich nicht mehr lohnen, später bei der Abrechnung bemängelt dann die DAK: Warum habt ihr dem Zippert denn noch das Blut verdünnt, fünf Minuten vor dem Exitus? Das zahlen wir aber nicht.
Vor meinem Ableben musste ich noch die Beine heben, erst einzeln, dann zusammen, dann die Arme, dann die Mundwinkel, und zum Schluss sollte ich pfeifen. Arme, Beine und Mundwinkel konnte ich heben, links etwas schwerfälliger als rechts, aber das Pfeifen klang jämmerlich. Der Arzt nahm die Pfeifgeräusche ungerührt zur Kenntnis, sie haben da auf der Rettungsstelle sicher schon die schrecklichsten Töne gehört, jedenfalls wusste er Bescheid: »Dissektion der ICA rechts, mit Ischämie im MCA-Gebiet rechts und sensomotorischer Hemiparese links.« Oder wie der Lateiner sagt: »Schlaganfall mit linksseitiger Lähmung, verursacht durch einen Riss in der rechten Halsschlagader.«

Der Arzt versuchte zu erläutern, wie es dazu kommen konnte: Schleudertrauma, ruckartige Bewegungen beim Sport, auch beim Zurückbeugen ins Friseurwaschbecken kann die Ader reißen. Oder wenn man sich ein Kind auf die Schultern setzt. Das konnte es gewesen sein. Mein Sohn war 23, ein Wahnsinn, sich so einen Kerl auf die Schultern zu setzen, weshalb ich es eigentlich auch seit Jahren nicht mehr getan hatte. Die nächsten 24 Stunden verbrachte ich in der Stroke Unit, das ist so etwas wie die Soko »Schlaganfall«. Ich trug die Anstaltsuniform, einen hellblauen Schlafanzug, und war komplett verkabelt. Auf verschiedenfarbigen Monitoren wurden Herzschlag, Blutdruck und Sauerstoffsättigung angezeigt, durch einen Perfusor lief blutverdünnendes Heparin in mich hinein, und wäre ich Privatpatient gewesen, hätte ich Sky-Empfang gehabt. Gegen 21:30 Uhr trat Werner, der diensthabende Pfleger mit düsterer Miene an mein Bett und sagte: »Schlechte Nachrichten, Herr Zippert. Arminia liegt 0:1 zurück.« Er hatte mitgekriegt, dass ich in Bielefeld geboren war. Ich dachte, Schlaganfall allein reicht wohl noch nicht, dann schlief ich ein und verbrachte wegen der vielen Kabel und Schläuche eine etwas unruhige Nacht.
Am nächsten Morgen kam mein Sohn mit meinem Koffer, ich gab ihm die Vorhänge und er überreichte mir die aktuelle Ausgabe der Welt, in der ein Kollege einen Nachruf auf mich verfasst hatte. Obwohl, die wussten ja gar nicht, dass mich der Schlag getroffen hatte. Es ging nur um mein zehnjähriges Dienstjubiläum als Kolumnist, und der Kollege fragte sich: »Wie schafft er das bloß?« Die Frage hätte ich in dem Augenblick wirklich nicht beantworten können, ich hatte Wichtigeres zu tun. Beispielsweise in zugigen Gängen im Rollstuhl sitzen und darauf warten, dass jemand Röntgenaufnahmen von mir machte oder mich ultraschallte.
Außerdem fragte ich mich, wie sage ich es meinen Angehörigen? »Du, Schatz, ich hatte einen Schlaganfall, aber

mach dir keine Sorgen.« Ich konnte den Aufschrei am anderen Ende der Leitung förmlich hören. »Hallo, Schatz, ich komme etwas später nach Haus, ich hatte noch eine Ischämie im MCA-Gebiet rechts.« Das klingt doch gleich viel netter, könnte auch ein Auffahrunfall im Gewerbegebiet gewesen sein.

Meine Mutter nahm es erstaunlich abgebrüht auf: »O Gott, musst du etwa Marcumar nehmen?« Sie war Krankenschwester von Beruf und hatte recht. Nach meiner Entlassung sollte tatsächlich die Marcumar-Therapie beginnen. Meine Mutter war seit Jahrzehnten pensioniert, ich wunderte mich, dass man den Schlaganfall immer noch mit derartig altmodischen Mitteln behandelte. Andererseits ist der Schlaganfall auch eine ganz alte Krankheit. Marcumar enthält einen ähnlichen Wirkstoff wie Rattengift, das Blut der Tiere wird dadurch so stark verdünnt, dass sie innerlich verbluten. Ratten sterben dafür so gut wie nie an einem Schlaganfall.

Jedem, der sich einen Schlaganfall zulegen will, kann ich nur empfehlen, ihn in Berlin, im Einzugsbereich des Campus-Mitte zu bekommen. Die dortige Stroke-Unit ist ganz hervorragend, und wenn man es überlebt, wird man auf die Neurologie im 19. Stock verlegt. Die beste Aussicht der ganzen Stadt. Aus dem Fenster meines Zimmers sah ich direkt auf das Regierungsviertel.

Im anderen Bett lag Herr Mommsen, der mir sofort seine ganze Krankengeschichte erzählte. Eine Stunde später fragte er: »Entschuldigung, weswegen bin ich noch mal hier?« Ich antwortete wahrheitsgemäß: »Verdacht auf Alzheimer, Herr Mommsen.« Aber der Verdacht erwies sich als unbegründet. Herr Mommsen hatte Maßanzüge für Walter Ulbricht geschneidert, und sein Gedächtnis brauchte er eigentlich nicht mehr, weil seine Frau ihn ständig anrief und ihm haarklein erklärte, was er als nächstes tun sollte. Auf Herrn Mommsen folgte Herr Kunz, der nach einem epileptischen Anfall durchgetestet werden musste. Nach der ersten Mahlzeit verschwand er entgegen ärztlicher Anordnung für eine Stunde und kam mit zwei großen Einkaufstüten voller Lebensmittel wieder. Er hatte einfach Angst zu verhungern.

Ich nicht, denn in meiner Patientenakte stand der Vermerk »leicht adipöser Zustand«. Diese drei Worte ließen mich die verordnete Schonkost klaglos genießen, und obwohl ich bis heute nicht weiß, woraus das Getränk bestand, das sie auf der Neurologie »Kaffee« nannten, trank ich es mit großem Behagen. Zwischen den Mahlzeiten aß ich erstmals seit vierzig Jahren nichts. Im Fernsehraum sah ich am Sonntag mit anderen Schlaganfallkranken »Tatort« und »Anne Will«. Wir sahen immer nur das Erste, denn wir waren zu schwach zum Umschalten. Neben mir saß ein Mann, der seinen linken Arm nur mit dem rechten Arm bewegen konnte. Andere wurden einfach in den Raum geschoben und mit dem Gesicht Richtung Bildschirm drei Stunden abgestellt, bis »Titel, Thesen, Temperamente« anfing. Das war für uns zu viel. Jeden Tag erschienen andere Ärzte an meinem Bett, für die ich pfeifen und das Bein heben musste. Einmal kam einer mit sechs Studenten und sagte verschwörerisch: »Nichts verraten, die sollen selber draufkommen.« Und dann mussten die Studenten durch geschicktes Fragen meine Krankheit herausfinden.

Langweilig war es nie, dauernd wurde mir Blut abgenommen, auch mitten in der Nacht, und ich beteiligte mich außerdem an allen Testreihen, denn ich wollte mich irgendwie nützlich machen. In der »Cream and Sugar Study« ging es beispielsweise um erhöhte Blutfettwerte, und dafür musste ich auf nüchternen Magen einen Becher Schlagsahne trinken und zwei Stunden später ein riesiges Glas Zuckerwasser. Das war mein schlimmstes Erlebnis in der Charité. Jeden Abend besuchte mich mein Sohn, und ich ging mit ihm und meinem Perfusor in die Cafeteria,

sah ihm beim Verzehr eines Holzfällersteaks zu und fragte ihn, ob er die Vorhänge endlich angebracht habe.
Ich fühlte mich eigentlich gar nicht schlecht, nur wenn sich die Tür des Krankenzimmers überraschend öffnete, bekam ich Angst, dass ein Krankenhausclown hereinkommen würde, um mich aufzumuntern. Da hätte mich der Schlag zum zweiten Mal getroffen.
Nach sechs Tagen wurde ich entlassen. Man gab mir einen vorläufigen Arztbrief und die Broschüre »Leben mit Gerinnungshemmern« mit auf den Weg.
Auf der Fahrt nach Hause erinnerte ich mich wieder an das Abendessen vor dem Schlaganfall. Inzwischen hatte mein Leben tatsächlich eine gewisse Dramatik bekommen. Ich hatte nun genug Stoff für den großen Schlaganfallroman, den Schlaganfallgegenwartsroman. War es das Verdienst der Literaturagentin? Hatte sie die ganze Veranstaltung im Springer-Hochhaus nur organisiert, um mir diese Erfahrung zu verschaffen? Schuldete ich ihr jetzt etwa Erfolgshonorar? Ich fühlte mich trotzdem irgendwie betrogen. Mir fehlte ja nichts. Im Moment des Schlaganfalls war noch nicht mal mein Leben an mir vorbeigezogen, sondern nur ein Reisebus voller Holländer. Trotzdem sammelte ich eifrig Material, um so bald wie möglich mit der Romanniederschrift zu beginnen. Aber dann fiel mir ein, dass Kathrin Schmidt letzten Herbst den Deutschen Buchpreis gewonnen hatte. Mit einem Schlaganfallroman. Ich war mal wieder zu spät dran. Was habe ich sonst noch zurückbehalten? Sobald ein Arzt in meine Nähe kam, begann ich unwillkürlich zu pfeifen und das Bein zu heben, aber das legte sich nach ein paar Wochen. Meine Krankenkasse schrieb mir einen Brief, in der sie mir eine »schnelle und flexible Bereitstellung aller Leistungen« anbot.
Meine »persönliche Ansprechpartnerin« erklärte mir, wichtig sei meine Bereitschaft zur Kooperation. Nach einem Schlaganfall müsse man intensiv an sich arbeiten und

trainieren. Es gebe Menschen, die alles verlernt hätten und nach einem Jahr wieder sprechen und Cello spielen konnten. Die Fähigkeit, Cello zu spielen, ist bis heute nicht wieder zurückgekommen, allerdings hatte ich die auch vor dem Schlaganfall nicht.

Ich wünsche mir eine unwürdige Beerdigung

Vor einiger Zeit bin ich 60 Jahre alt geworden, den genauen Zeitpunkt habe ich vergessen. Nachdem ich mir noch einige Tage lang einreden konnte, dass 60 das neue 59 ist, wurde mir irgendwann klar: Das war's. Da kommt nicht mehr viel, außer einer endlosen Reihe von Funktionskleidung in verschiedenen Schlammfarben. Man wird zu einer lebenden Werbetafel für North Face, Jack Wolfskin, Fjällräven, Deuter und Osprey. Kurz nach dem 60. Geburtstag wachsen einem links und rechts vom Fahrradgepäckträger rot-schwarze Ortlieb-Taschen, da kann man gar nichts machen. Und während die Greisenfüße dank Gore Tex immer trocken bleiben, kann man das von der Inkontinenzwindel leider nicht behaupten. Die Welt ist voll mit Seniorenratgebern, doch keiner sagt einem, dass man ab 60 eigentlich komplett am Arsch ist, überall heißt es stattdessen, man könne noch mal richtig durchstarten, die Kurve kriegen oder sogar das Leben erst richtig genießen, Hauptsache man trinkt genug Wasser, denn das tun wir Senioren nicht.

Aber wohin soll die wässerige Reise gehen, zu der wir durchstarten? Sie geht direkt in die Aufbahrungshalle. Eine absolute Gemeinheit. Jetzt, wo man so halbwegs weiß, wie dünn das Wasser ist, mit dem die anderen ihr Süppchen kochen, jetzt muss man anfangen aufzuhören. Bis dahin könnte ich noch Segeln lernen oder Tango tanzen, mir ein Motorrad kaufen oder an einem Gummiband befestigt irgendwo runterspringen. Oder auf die Rente

warten. Die würde bei mir genau am 1.3.2023 beginnen und dann bekäme ich monatlich einen von drei Beträgen, die mir die Deutsche Rentenversicherung aufgeschrieben hat. Ich weiß aber nicht, welcher es sein wird. Dann habe ich endlich Zeit, all das zu machen, zu dem ich nicht gekommen bin. Aber was soll das sein?
Ich habe alles gemacht, was ich machen wollte, für den Rest war ich zu feige, zu schlau oder zu phlegmatisch und außerdem fand ich Swingerclubs, FDP-Mitgliedschaft und Ferkelkastrieren nie so interessant.
Je älter man wird, umso größer wird auch die Gefahr, religiös zu werden. Dagegen lässt sich wenig einwenden, denn man hat natürlich keine gesicherten Erkenntnisse über das, was danach kommt. Deshalb halte ich es beispielsweise für sehr riskant, sich verbrennen zu lassen. Es wäre sogar ein großer Fehler, falls beispielsweise am Ende doch die Auferstehung des Fleisches angesagt ist, dann wäre es sicher von Vorteil, noch alle Knochen zu haben, denn irgendwo muss das Fleisch ja wieder drauf. Man vergibt sich jedenfalls nichts, wenn man auf einer Ganzkörperbestattung besteht. Und ich werde auch darauf bestehen, dass man mir eine Münze in den Mund legt, falls ich doch von Charon über den Styx gerudert werde.
Ich habe für den unwahrscheinlichen Fall meines Ablebens bereits umfangreiche Regelungen notariell beglaubigen lassen. Ich möchte eine extrem prunkvolle Beerdigung. Der Sarg muss reich verziert und so teuer und protzig wie möglich sein. Eine Kutsche mit vier Schimmeln soll den Sarg drei Stunden durch die Stadt fahren, welche, ist mir egal. Wenn man mich zu Grabe trägt, säumen den Weg Hunderte von Menschen, die kopfschüttelnd da stehen und sagen: »Was glaubt dieser Bursche eigentlich, wer er ist, ein Habsburger Kaiser? Das ist doch rausgeschmissenes Geld, das hätte er lieber seinen Kindern geben sollen.« Viele schlagen sich sogar mit der flachen Hand vor die Stirn, weil sie so viel Unvernunft kaum fassen können.

Diese Kopfschüttler und Stirnschläger sind von mir im Voraus bezahlte Statisten, genau wie die Frauen jeden Alters, die an meinem Sarg tränenreich von mir Abschied nehmen werden. Es soll alles absolut großkotzig, geschmack- und stillos und natürlich pietätlos wirken. Ich hinterlasse bewusst auch kein Testament, damit sich die Hinterbliebenen möglichst lange und hoffentlich öffentlichkeitswirksam streiten können und mein Name nicht in Vergessenheit gerät. Geistliche aus den führenden fünf Weltreligionen sollen mir den Segen geben, denn ich weiß ja nicht, welche sich am Ende durchsetzt.
Und von wegen: Das letzte Hemd hat keine Taschen, das ist der größte Blödsinn von allen. Meins besteht nur aus Taschen, ich nehme alles mit ins Grab, was ich besessen habe. Die 3.500 eingeschweißten Bücher, die 7.000 Schallplatten, die Filmplakate-Sammlung, die Rotweine, die Weißweine, den Champagner und mein Smartphone. So haben das die ägyptischen Pharaonen auch gemacht und die waren sehr viel länger am Ruder als die christliche Kirche. Und warum? Weil ihre Religion die belastbarere war. Ich nehme jedenfalls den ganzen Plunder mit runter in meine 500 Quadratmeter-Gruft und höre mir da unten dann die Trompeten des Jüngsten Gerichts an, in einer Aufnahme von Miles Davis.
Ich muss zugeben, der Erkenntnisgewinn meines Lebens war bisher eher gering, daher kann ich der jüngeren Generation nur sehr wenige gute Ratschläge geben und zwar genau zehn. 1. Auf keinen Fall angesagte Serien im Pay-TV gucken, sondern immer nur linear fernsehen und zwar ausschließlich Produktionen wie »Rosenheim Cops«, »Notruf Hafenkante« oder »Der Bergdoktor«. Da kann man jederzeit aufstehen und ins Bett gehen. 2. Das Geld am Bankautomaten niemals nachzählen, das ist verlorene Lebenszeit, es stimmt wirklich immer. 3. Die Laschen der Kaffeemilchportionspackungen beim Öffnen vom Körper weghalten. 4. Buttermilch kann niemals schlecht werden

– Buttermilch ist schon schlecht. 5. Am Frühstücksbuffet auf keinen Fall das Rührei in den Warmhaltebehältern essen, sondern auf Spiegeleiern bestehen, die werden wirklich frisch gemacht. Das Rührei wird aus Pulver von geschredderten Küken angerührt. 6. Hände weg von Cappuccino, entweder ist die Milch kalt oder der Espresso. 7. Im ICE niemals an einen freien Vierertisch setzen, sonst ist man bald von drei Idioten umgeben. 8. Weißweinflecken gehen am besten mit Rotwein raus. 9. Bücher immer eingeschweißt ins Regal stellen und die Schutzfolie nur entfernen, wenn man das Werk auch wirklich lesen will. So bleibt der Inhalt länger frisch und das Buch staubfrei. 10. Immer erst den Schnee vom Autodach entfernen, bevor man die Fahrertür öffnet. 11. Jeder Liste misstrauen, die genau zehn Punkte enthält.

Nachwort

Eine im Vorfeld dieser Lesebuchveröffentlichung durchgeführte repräsentative Umfrage unter 17.484 (oder waren es 17.483?) Leserinnen und Lesern ergab, dass 98,4 Prozent Hans Zipperts Texte schätzen. Bei seinen Feuilletonkollegen waren es sogar satte 100 Prozent. Sie alle wissen, was sie an seinen pointiert-lakonischen und hochironischen Texten haben. Man kann mit Fug und Recht behaupten: Mit ihnen spielt der Autor in einer eigenen Liga.

Zippert findet garantiert jenen archimedischen Punkt, von dem aus sich, oft unter dem Deckmäntelchen scheinwissenschaftlicher Expertise, ein Thema auf den Kopf stellen lässt. Auch deshalb begegnet Zippert den Hörern von Deutschlandfunk Kultur in der täglichen Feuilletonpresseschau häufiger als jeder andere Kolumnist. 95 Prozent der Befragten gaben zu Protokoll, dass sie Zipperts Sound sofort heraushören und ihn auf Anhieb von dem anderer Satiriker unterscheiden können.

»Zippert zappt« ist Kult und das seit 25 Jahren. Die Glossen bescheren über 200.000 Leserinnen und Lesern der Tageszeitung »Welt« einen schrägen Einstieg in den Tag. 78 Prozent der Befragten nahmen die seriösen Beiträge des Blatts danach vollkommen anders wahr. 74 Prozent gaben an, dass sie die Tageszeitung nur wegen Zipperts nassforschen und launigen Kommentaren abonniert hätten.

Das schreit förmlich nach einer Tortengrafik, wie sie Zippert bekanntermaßen besonders schätzt. Bei einer Aufzählung seiner Schaffensbereiche würde sie auf der einen Seite seine Kolumnen anführen (77,4 Prozent) und im verbleibenden Drittel seine Kinderbücher, Reisefeuilletons und autobiografischen Essays, die bevorzugt in Sammelbänden des Tiamat Verlags erscheinen. Sie bieten uns einen Verständnisrahmen der Zippert'schen Schreibwelt, angefangen bei seiner medialen Sozialisation und seinen frühesten literarischen Ausflügen schon zur Pennälerzeit nach dem Motto »Wie werde ich wie Hans Zippert?«

Schenkt man dem Text »Zum Geleit« der vorliegenden Sammlung Glauben, wurde Hans Zippert bereits als Kolumnist geboren. Schon auf dem Ratsgymnasium seiner Heimatstadt Bielefeld gab er das selbstproduzierte Satiremagazin »Dreck« heraus, das unter anderem in Gaststätten verkauft wurde und es zuletzt auf eine Auflage von 3.000 Exemplaren brachte. 2020 taten sich die damaligen Beteiligten noch einmal zu einem Comeback zusammen und gaben als »Superredakteure« ein neues Heft heraus. Es war auf Anhieb so erfolgreich, dass ein weiteres ins Auge gefasst wurde. Umjubelte Abende in Bielefeld und im Literaturmuseum Nottbeck zeigten eine nachhaltig beglückte Fan-Gemeinde, die nur auf ein solches Revival gewartet hatte.

Unter der literarisch schlagfertigen Truppe der ersten Stunde war auch Wiglaf Droste. Er wie die anderen Verfasser des »Revolverblatts« blieben, wie auch Christian Y. Schmidt, dem schreibenden Gewerbe treu, bildeten so etwas wie eine Bielefelder Satireschule, gingen dann aber eigene Wege. So auch Hans Zippert. Er war ab 1987 zunächst Redakteur und von 1990 bis 1995 Chefredakteur der Zeitschrift Titanic. Anschließend arbeitete der in Oberursel bei Frankfurt lebende freischaffende Autor für das FAZ-Magazin und diverse Zeitschriften. Seine Reportagen und Kolumnen erschienen im »Stern«, der »Welt am Sonntag« (»Zipperts Wort zum Sonntag«) und der Fernsehzeitung »HörZu«. 1999 begann dann seine Zeit bei der »Welt«. Zippert ist jedoch nicht nur in Printmedien vertreten, sondern regelmäßig auch auf WDR 5 zu hören.

Für seine »Zippert zappt«-Kolumnen und einen Text über seinen Schlaganfall (siehe Seite 142 des Lesebuchs) wurde Zippert 2007 und 2011 mit dem Henri-Nannen-Preis

ausgezeichnet. Für sein Gesamtwerk erhielt er 2016 den Peter-Hille-Literaturpreis (Nieheimer Schuhu).
Ein Kardinalthema Zipperts ist die Medienwelt mit ihren täglichen Entgleisungen. Kann sie halbwegs verstandesklaren Erdenbürgern überhaupt zugemutet werden, fragt sich der Autor. Außerirdische würden vermutlich gleich den Exit-Knopf drücken und das Weite suchen, lautet seine Antwort. In der Politik geht's keinen Deut besser zu. Und auch die Wissenschafts-, Buch-, Auto-, Tier-, Medizin- und Sonstwie-Welt sorgen für so abstruse Schlagzeilen, dass jeder Satiriker nur frohlocken kann. Ist Deutschland also noch zu retten? Der selbsternannte Supermann, als der sich Zippert im Eingangstext dieses Lesebuchs outet, stellt sich diese Frage täglich, womöglich stündlich, wie der Einblick in seinen Tagesablauf nahelegt (siehe Seite 71ff.). Er ist dabei so skeptisch wie wir – und findet die richtigen Gegenmittel: Galgenhumor, Schalkhaftigkeit und Schlagfertigkeit in hoher Dosierung. Was hat sich der Autor da bloß wieder einfallen lassen? Man reibt sich verwundert die Augen.
Um noch einmal auf die angeführte Umfrage zurückzukommen: Alle Befragten waren sich einig, dass Hans Zippert unbedingt in die vorliegende Buchreihe aufgenommen werden sollte. Diesem Wunsch wird hiermit liebend gern entsprochen.

Textnachweise

Die vorliegenden Texte entstammen den Bänden: *So funktioniert Deutschland. Ein Handbuch*. München: Sanssouci 2004; dtv 2006 – *Das Weltwissen der 48jährigen*. München: Sanssouci 2006 – *Die 55 beliebtesten Krankheiten der Deutschen. Im Selbstversuch getestet.* Berlin: Edition Tiamat 2008; München: Heyne 2012 – *Was macht dieser Zippert eigentlich den ganzen Tag? Aus dem Leben eines bekennenden Kolumnisten.* Berlin: Edition Tiamat 2009, 2010; München: Heyne 2011 – *Deutschland retten. Fit für die nächste Krise.* München: Sanssouci im Carl Hanser Verlag 2010 – *Aus dem Leben eines plötzlichen Herztoten. Tagebuch eines Tagebuchschreibers.* Berlin: Edition Tiamat 2011; Bremen: FUEGO 2011 – *Würden Sie an einer Tortengrafik teilnehmen? 199 Fragen und 197 Antworten zu den allgemeinen Geschäftsbedingungen für das Leben in Deutschland.* Berlin: Edition Tiamat 2015 – *Fernsehen ist wie Radio, nur ohne Würfel.* Berlin: Edition Tiamat 2017 – *Wie Hitler mir das Leben rettete. Schlampige Arbeiten 1980-2030.* Berlin: Edition Tiamat 2022. Bei folgenden Texten handelt es sich um Erstdrucke: *Erinnerungen an einen Brieffreund, Kafka, Schweinesystemenergie, Vatertagsversagen, Kuckuckskunde, Kindersorgen, Vorsicht Glottissteinschlag!, Eight Miles high und Spaß dabei, Hausarztrudel gesucht, Vorleseschwäche, Top-Guns, Schneckenpost, Titanic 3.0, Lehrerschwemme, Besser Essen, Bürger Sandsack, Der Revierkennzeichner.*

Den Verlagen sei für die Gewährung der Abdruckrechte ausdrücklich gedankt. Besonders gedankt sei Hans Zippert für seine Unterstützung bei der Zusammenstellung dieses Lesebuchs.

Nylands »Kleine Westfälische Bibliothek«

Peter Paul Althaus (Bd. 1) ■ Gustav Sack (Bd. 2) ■ Hans Siemsen (Bd. 3) ■ Josef Winckler (Bd. 4) ■ Reinhard Koester (Bd. 5) ■ Elisabeth Hauptmann (Bd. 6) ■ Peter Hille (Bd. 7) ■ Jodocus Temme (Bd. 8) ■ Ernst Meister (Bd. 9) ■ Heinrich und Julius Hart (Bd. 10) ■ Max Bruns (Bd. 11) ■ Paul Zech (Bd. 12) ■ Andreas Rottendorf (Bd. 13) ■ Adolf von Hatzfeld (Bd 14) ■ August Stramm (Bd. 15) ■ Thomas Valentin (Bd. 16) ■ Paul Schallück (Bd. 17) ■ Richard Huelsenbeck (Bd. 18) ■ Erich Jansen (Bd. 19) ■ Felix Fechenbach (Bd. 20) ■ Fred Endrikat (Bd. 21) ■ Clara Ratzka (Bd. 22) ■ Annette von Droste-Hülshoff (Bd. 23) ■ Katherine Allfrey (Bd. 24) ■ Anton Aulke (Bd. 25) ■ Henriette Davidis (Bd. 26) ■ Katharina Schücking (Bd. 27) ■ Anton Matthias Sprickmann (Bd. 28) ■ Heinrich Jung-Stilling (Bd. 29) ■ Siegfried Johannes Schmidt (Bd. 30) ■ Erich Grisar (Bd. 31) ■ Johann Moritz Schwager (Bd. 32) ■ Reinhard Döhl (Bd. 33) ■ Hugo Ernst Käufer (Bd. 34) ■ Jenny Aloni (Bd. 35) ■ Michael Klaus (Bd. 36) ■ Max von der Grün (Bd. 37) ■ Hans Dieter Schwarze (Bd. 38) ■ Gerhard Mensching (Bd. 39) ■ Carl Arnold Kortum (Bd. 40) ■ Heinrich Kämpchen (Bd. 41) ■ Ferdinand Krüger (Bd. 42) ■ Werner Streletz (Bd. 43) ■ Rainer Horbelt (Bd. 44) ■ Engelbert Kaempfer (Bd. 45) ■ Heinrich Schirmbeck (Bd. 46) ■ Eckart Kleßmann (Bd. 47) ■ Otto Jägersberg (Bd. 48) ■ Mathilde Franziska Anneke (Bd. 49) ■ Heinrich Maria Denneborg (Bd. 50) ■ Arnold Consbruch (Bd. 51) ■ Maria Lenzen (Bd. 52) ■ Jürgen Schimanek (Bd. 53) ■ Willy Kramp (Bd. 54) ■ Wolfgang Körner (Bd. 55) ■ Frank Göhre (Bd. 56) ■ Hans Wollschläger (Bd. 57) ■ Otto zur Linde (Bd. 58) ■ Josef Reding (Bd. 59) ■ Siegfried Kessemeier (Bd. 60) ■ Harald Hartung (Bd. 61) ■ Ernst Müller (Bd. 62) ■ Justus Möser (Bd. 63) ■ Walter Vollmer (Bd. 64) ■ Christine Koch (Bd. 65) ■ Werkleute auf Haus Nyland (Bd.

66) ■ Ilse Kibgis (Bd. 67) ■ Franz Josef Degenhardt (Bd. 68) ■ Hans Marchwitza (Bd. 69) ■ Peter Florenz Weddigen (Bd. 70) ■ Gerd Semmer (Bd. 71) ■ Augustin Wibbelt (Bd. 72) ■ Otto Lüning (Bd. 73) ■ Otti Pfeiffer (Bd. 74) ■ Hugo Wolfgang Philipp (Bd. 75) ■ Liselotte Rauner (Bd. 76) ■ Levin Schücking (Bd. 77) ■ Georg Weerth (Bd. 78) ■ Fr. W. Weber (Bd. 79) ■ Ferdinand Freiligrath (Bd. 80)) ■ Erwin Sylvanus (Bd. 81) ■ Volker W. Degener (Bd. 82) ■ Richard Limpert (Bd. 83) ■ Elise von Hohen-hausen (Bd. 84) ■ Friedrich Wilhelm Grimme (Bd. 85) ■ Werner Zillig (Bd. 86) ■ Hermann Mensing (Bd. 87) ■ Norbert Johannimloh (Bd. 88) ■ Georg Bernhard Dep-ping (Bd. 89) ■ Horst Hensel (Bd. 90) ■ Heinrich Peuck-mann (Bd. 91) ■ Friedrich Adolf Krummacher (Bd. 92) ■ Ludwig Homann (Bd. 93) ■ Victor Kalinowski (Bd. 94) ■ Klaus Märkert (Bd. 95) ■ Ulrich Horstmann (Bd. 96) ■ Friedrich Grotjahn (Bd. 97) ■ Johann Lorenz Benz-ler (Bd. 98) ■ Inge Meyer-Dietrich (Bd. 99) ■ Ferdinand Kriwet (Bd. 101) ■ Josef Krug (Bd. 102) ■ Hans Dieter Baroth (Bd. 103) ■ Gerd Puls (Bd. 104) ■ Jürgen Brôcan (Bd. 105) ■ Georg Veit (Bd. 106) ■ Ralf Thenior (Bd. 107) ■ Ursula Bruns (Bd. 108) ■ Sigismund von Radecki (Bd. 109) ■ Karl-Ulrich Burgdorf (Bd. 110) ■ Dietrich Wachler (Bd. 111) ■ Sabine Deitmer (Bd. 112) ■ Georg Bühren (Bd. 113) ■ Jay Monika Walther (Bd. 114) ■ Monika Littau (Bd. 115) ■ Thomas Kade (Bd. 116) ■ Michael Roes (Bd. 117) ■ Heiner Feldhoff (Bd. 118) ■ Ulrich Straeter (Bd. 119). ■ Otto A. Böhmer (Bd. 120). ■ Hertha Koenig (Bd. 121) ■ Theodor Althaus (Bd. 122) ■ Marion Gay (Bd. 123) ■ Erik Reger (Bd. 124) ■ Thorsten Trelenberg (Bd. 125) ■ Herbert Berger (Bd. 126) ■ Horst Dieter Gölzenleuchter (Bd. 127) ■ Dieter Treeck (Bd. 128) ■ Hans Zippert (Bd. 129) ■ Erwin Grosche (Bd. 130).